中国电子信息工程科技发展研究

网络安全国内外发展态势研究

中国信息与电子工程科技发展战略研究中心

科学出版社

北 京

内 容 简 介

当前，我国已进入数字中国建设新阶段，数字化发展步伐不断加快，数字经济高质量发展将为实现第二个百年奋斗目标奠定坚实基础，持续推进我国网络空间治理体系和治理能力现代化。与此同时，全球各国积极布局数字化领域，争夺新时期战略高地。网络安全作为保障全社会数字化转型、护航数字经济高质量发展的关键核心，逐渐成为全球数字竞合新格局的重中之重。

本书分析梳理了全球和我国网络安全发展态势，主要研究了全球和我国在网络空间安全威胁、网络安全综合治理、网络安全能力实践应用、网络安全技术创新及网络安全产业发展等网络安全领域的发展现状与未来趋势，以及 2023 年的技术热点和亮点，提炼总结了国际网络安全总体态势和技术创新应用情况，形成国际网络安全领域综合发展视图，希望能为我国网络安全技术的发展提供参考。

图书在版编目（CIP）数据

中国电子信息工程科技发展研究. 网络安全国内外发展态势研究/中国信息与电子工程科技发展战略研究中心编著. —北京：科学出版社, 2024.7. — ISBN 978-7-03-079081-1

Ⅰ. G203；TP393.08

中国国家版本馆 CIP 数据核字第 202467CL69 号

责任编辑：王　哲 / 责任校对：胡小洁
责任印制：师艳茹 / 封面设计：迷底书装

科 学 出 版 社 出版

北京东黄城根北街 16 号
邮政编码：100717
http://www.sciencep.com

涿州市般润文化传播有限公司印刷

科学出版社发行　各地新华书店经销

＊

2024 年 7 月第　一　版　开本：890×1240　1/32
2024 年 7 月第一次印刷　印张：5 7/8
字数：140 000

定价：109.00 元
（如有印装质量问题，我社负责调换）

《中国电子信息工程科技发展研究》工作组

组　长：

余少华　陆　军

副组长：

曾倬颖

中国信息与电子工程科技发展战略研究中心
CHINA ELECTRONICS AND INFORMATION STRATEGIES

中国信息与电子工程科技
发展战略研究中心简介

　　中国工程院是中国工程科学技术界的最高荣誉性、咨询性学术机构，是首批国家高端智库试点建设单位，致力于研究国家经济社会发展和工程科技发展中的重大战略问题，建设在工程科技领域对国家战略决策具有重要影响力的科技智库。当今世界，以数字化、网络化、智能化为特征的信息化浪潮方兴未艾，信息技术日新月异，全面融入社会生产生活，深刻改变着全球经济格局、政治格局、安全格局，信息与电子工程科技已成为全球创新最活跃、应用最广泛、辐射带动作用最大的科技领域之一。为做好电子信息领域工程科技类发展战略研究工作，创新体制机制，整合优势资源，中国工程院、中央网信办、工业和信息化部、中国电子科技集团加强合作，于 2015 年 11月联合成立了中国信息与电子工程科技发展战略研究中心。

　　中国信息与电子工程科技发展战略研究中心秉持高层次、开放式、前瞻性的发展导向，围绕电子信息工程科技发展中的全局性、综合性、战略性重要热点课题开展理论研究、应用研究与政策咨询工作，充分发挥中国工程院院士，国家部委、企事业单位和大学院所中各层面专家学者的智力优势，努力在信息与电子工程科技领域建设一流的战略思想库，为国家有关决策提供科学、前瞻和及时的建议。

《中国电子信息工程科技发展研究》
编写说明

当今世界，以数字化、网络化、智能化为特征的信息化浪潮方兴未艾，信息技术日新月异，全面融入社会经济生活，深刻改变着全球经济格局、政治格局、安全格局。电子信息工程科技作为全球创新最活跃、应用最广泛、辐射带动作用最大的科技领域之一，不仅是全球技术创新的竞争高地，也是世界各主要国家推动经济发展、谋求国家竞争优势的重要战略方向。电子信息工程科技是典型的"使能技术"，几乎是所有其他领域技术发展的重要支撑，电子信息工程科技与生物技术、新能源技术、新材料技术等交叉融合，有望引发新一轮科技革命和产业变革，为重塑社会经济生产结构提供新质生产力。电子信息工程科技作为最直接、最现实的工具之一，直接将科学发现、技术创新与产业发展紧密结合，极大地加速了科学技术发展的进程，成为改变世界的重要力量。电子信息工程科技也是新中国成立 70 年来特别是改革开放 40 年来，中国经济社会快速发展的重要驱动力。在可预见的未来，电子信息工程科技的进步和创新仍将是推动人类社会发展的最重要的引擎之一。

把握世界科技发展大势，围绕科技创新发展全局和长远问题，及时为国家决策提供科学、前瞻性建议，履行好国家高端智库职能，是中国工程院的一项重要任务。为此，中国工程院信息与电子工程学部决定组织编撰《中国电子信息工程科技发展研究》(以下简称"蓝皮书")。2018 年 9 月至今，编撰工作由余少华、陆军院士负责。"蓝皮书"分综合篇和专题篇，分期出版。学部组织院士并动员各方面专家 300 余人参与编撰工作。"蓝皮书"编撰宗旨是：分析研究电子信息领域年度科技发展情况，综合阐述国内外年度电子信息领域重要突破及标志性成果，为我国科技人员准确把握电子信息领域发展趋势提供参考，为我国制定电子信息科技发展战略提供支撑。

"蓝皮书"编撰指导原则如下：

(1) 写好年度增量。电子信息工程科技涉及范围宽、发展速度快，综合篇立足"写好年度增量"，即写好新进展、新特点、新挑战和新趋势。

(2) 精选热点亮点。我国科技发展水平正处于"跟跑""并跑""领跑"的三"跑"并存阶段。专题篇力求反映我国该领域发展特点，不片面求全，把关注重点放在发展中的"热点"和"亮点"问题。

(3) 综合与专题结合。"蓝皮书"分"综合"和"专题"两部分。综合部分较宏观地介绍电子信息科技相关领域全球发展态势、我国发展现状和未来展望；专题部分则分别介绍 13 个子领域的热点亮点方向。

5 大类和 13 个子领域如图 1 所示。13 个子领域的颗粒度不尽相同，但各子领域的技术点相关性强，也能较好地与学部专业分组对应。

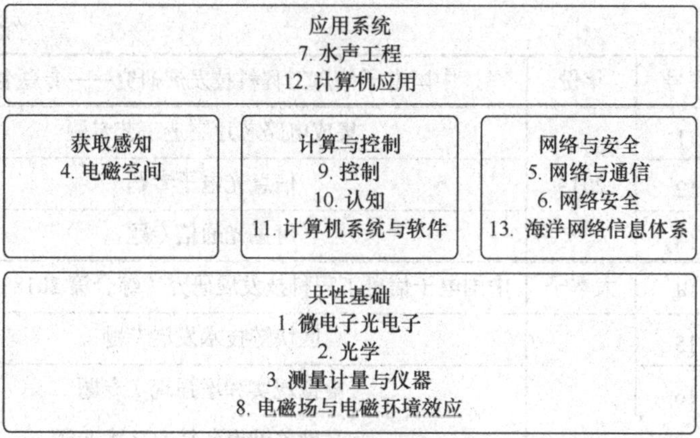

应用系统
7. 水声工程
12. 计算机应用

获取感知	计算与控制	网络与安全
4. 电磁空间	9. 控制 10. 认知 11. 计算机系统与软件	5. 网络与通信 6. 网络安全 13. 海洋网络信息体系

共性基础
1. 微电子光电子
2. 光学
3. 测量计量与仪器
8. 电磁场与电磁环境效应

图 1　子领域归类图

至今，"蓝皮书"陆续发布多部综合篇、系列专题和英文专题等，见表 1。

表 1　"蓝皮书"整体情况汇总

序号	年份	中国电子信息工程科技发展研究——专题名称
1	大本子	中国电子信息工程科技发展研究
2	2018	中国电子信息工程科技发展研究（领域篇）——传感器技术
3		中国电子信息工程科技发展研究（领域篇）——遥感技术及其应用
4	大本子	中国电子信息工程科技发展研究 2017
5	2019	5G 发展基本情况综述
6		下一代互联网 IPv6 专题
7		工业互联网专题
8		集成电路产业专题
9		深度学习专题
10		未来网络专题

续表

序号	年份	中国电子信息工程科技发展研究——专题名称
11	2019	集成电路芯片制造工艺专题
12		信息光电子专题
13		可见光通信专题
14	大本子	中国电子信息工程科技发展研究（综合篇 2018—2019）
15	2020	区块链技术发展专题
16		虚拟现实和增强现实专题
17		互联网关键设备核心技术专题
18		机器人专题
19		网络安全态势感知专题
20		自然语言处理专题
21	2021	卫星通信网络技术发展专题
22		图形处理器及产业应用专题
23	大本子	中国电子信息工程科技发展研究（综合篇 2020—2021）
24	2022	量子器件及其物理基础专题
25		微电子光电子专题
26		光学工程专题
27		测量计量与仪器专题
28		网络与通信专题
29		网络安全专题
30		电磁场与电磁环境效应专题
31		控制专题
32		认知专题
33		计算机应用专题

续表

序号	年份	中国电子信息工程科技发展研究——专题名称
34	2022	海洋网络信息体系专题
35		智能计算专题
36		大数据技术及产业发展专题
37		遥感过程控制与智能化专题
38	2023	操作系统专题
39		数据中心网络与东数西算专题
40		大科学装置专题
41		软件定义晶上系统（SDSoW）专题
42		ChatGPT 技术专题
43		数字孪生专题
44		微电子光电子国内外发展态势研究
45	2024	光学工程国内外发展态势研究
46		电磁空间学科发展及国内外发展态势研究
47		网络与通信国内外发展态势研究
48		网络安全国内外发展态势研究
49		海洋网络信息技术国内外发展态势研究

从 2019 年开始，先后发布《电子信息工程科技发展十四大趋势》、《电子信息工程科技十三大挑战》、《电子信息工程科技十四大技术挑战》（2019 年、2020 年、2021 年、2022 年、2023 年）5 次。科学出版社与 Springer 出版社合作出版了 5 个专题，见表 2。

表 2　英文专题汇总

序号	英文专题名称
1	Network and Communication
2	Development of Deep Learning Technologies
3	Industrial Internet
4	The Development of Natural Language Processing
5	The Development of Block Chain Technology

相关工作仍在尝试阶段，难免出现一些疏漏，敬请批评指正。

中国信息与电子工程科技发展战略研究中心

前　言

自网络问世以来，安全作为影响网络系统平稳运行、数据资源安全传输、业务应用安全可靠的关键因素受到广泛关注。1988 年，发生了网络发展进程中第一次网络攻击事件，康奈尔大学的研究生罗伯特·莫里斯出于对互联网规模的好奇，编写了一个可以在计算机之间快速传播复制的计算机程序，导致互联网服务瘫痪并造成近千万美元的损失。随着网络普及和技术发展，网络安全的概念内涵持续变化演进。1999 年 12 月，"网络安全"被提出，美国在《新世纪国家安全战略》中指出网络安全的重点是降低网络环境中存在的各种风险，防范网络活动面临的各种威胁，需考虑网络安全的内因和外因。2008 年 4 月，国际电信联盟(International Telecommunication Union，ITU)在《数据网、开发系统通信和安全性：网络安全综述》(ITU-T[国际电信联盟电信标准化部门] X.1205)技术标准中将"网络安全"定义为"涉及用以保护网络环境和机构及用户资产的各种工具、政策、安全理念、安全保障、指导原则、风险管理方式、行动、培训、最佳做法、保证和技术"。其中，机构和用户的资产包括相互连接的计算装置、人员、基础设施、应用、服务、电信系统以及在网络环境中全部传送和/或存储的信息。ITU 定义的网络安全工作首要目的是确保防范网络环境中的各种安全风险，实现并维护机构和用户资产的安全特性。2016年11月,第十二届全国人民代表大会常务委员会第二十四次会议通过并公布了《中华人民共和国网络安全法》。该法律定义了网络安全,是指"通过采取必要措施,防范对网络的攻击、侵入、干扰、破坏和非法使用以及意外事故,使网络处于稳定可靠运行的状态,以及保障网络数据的完整性、保密性、可用性的能力"。

党的十八大以来,以习近平同志为核心的党中央高度重视我国网络安全和信息化事业的发展。2014年4月,习近平总书记主持召开中央国家安全委员会第一次会议时提出总体国家安全观重大战略思想,随着时代发展,总体国家安全观内涵外延不断拓展,从最初的11种安全,到如今涵盖经济安全、网络安全、科技安全等传统和非传统安全领域的理论体系。2016年4月,习近平总书记在网络安全和信息化工作座谈会上指出"网络安全和信息化是相辅相成的。安全是发展的前提,发展是安全的保障,安全和发展要同步推进"。2018年4月,习近平总书记强调"没有网络安全就没有国家安全,就没有经济社会稳定运行,广大人民群众利益也难以得到保障"。2022年10月,习近平总书记在二十大报告中强调"推进国家安全体系和能力现代化,坚决维护国家安全和社会稳定"。2023年7月,习近平总书记在全国网络安全和信息化工作会议上指出"坚持统筹发展和安全,坚持筑牢国家网络安全屏障"。2024年1月,习近平总书记在中共中央政治局第十一次集体学习时强调"发展新质生产力是推动高质量发展的内在要求和重要着力点"。一系列关于网络安全的重要论述及重要指示为贯彻落实总体国家安全观、筑牢网络安全防线指明了方向、奠定了基础,将网络安全的战略意义从安全保障向服务国家经济社会治理全局不断延伸。以高水平安全促进高质量发展,网络安全既要发展成为新质生产力,也要构建本身的先进生产力。

随着数字化、网络化、智能化发展,新兴数字技术在全社会数字化过程中融合应用持续深化,越来越多的事关国计民生的网络信息系统开放互联。网络从传统的人与人通信延伸到人与物、物与物的泛在连接,加速与物理世界融合形成网络物理融合空间,安全影响也不仅局限于网络空间的通信与传输安全,而是向物理世界的生产安全、生活安全、社会安全甚至国家安全等方面加速渗透。数字时代,网络安全被赋予了更高的使命和战略意义,也同样带来了新的安全风险和问题,已成为全球各国的关注重点。网络安全是创新发展新质生产力的“纽带”,以高水平安全促进高质量发展,为新质生产力发挥效用护航保驾。同时,通过加快网络安全科技创新,加快构建网络安全先进生产力,加快成为新质生产力的关键要素,为新的社会生产注入巨大动能。本书跟踪研究了国内外网络安全技术领域发展态势及未来展望,围绕网络安全总体态势和技术创新应用勾勒出国际网络安全领域综合发展视图(图1),旨在持续跟进国际网络安全技术热点、把握网络安全技术创新方向、促进网络安全核心技术创新攻关、助力实现我国网络安全技术产业创新发展,带动政产学研用以打破“卡脖子”局面、实现高质量发展,以安全可信为内核,以科技创新为驱动,以产业生态为支撑,为全面提升我国网络安全技术实力,加快发展形成网络安全新质生产力,夯实网络安全底座提供参考和指引。

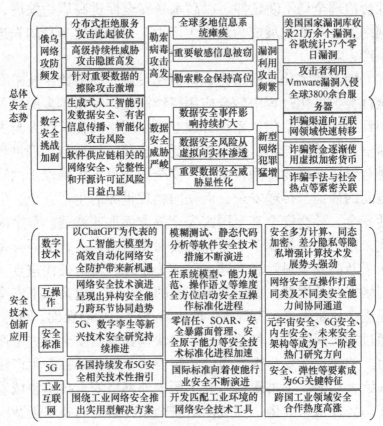

图 1　国际网络安全领域综合发展视图

专家组名单

姓名	工作单位	职务/职称
沈昌祥	中国工程院	院士
方滨兴	中国工程院	院士
余少华	中国工程院	院士
魏亮	中国信息通信研究院	副院长
史德年	中国信息通信研究院	院副总工程师
谢人超	北京邮电大学	教授
李静林	北京邮电大学	教授
闫怀志	北京理工大学	教授
陶耀东	北京交通大学	教授
冷彪	北京航空航天大学	教授
洪延青	北京理工大学	教授
熊璋	对外经济贸易大学	教授
张雪菲	北京邮电大学	副教授
郑小林	浙江大学计算机学院人工智能研究所	副所长
郎平	社科院世界经济与政治研究所国际政治理论研究室	主任
赵章界	北京市大数据中心大数据标准与安全部	主任

续表

姓名	工作单位	职务/职称
彭玉婷	中国电科发展规划研究院行业发展部	主任
王亚珅	中国电科智能科技研究院	主任

注：排名不分先后

撰写组名单

姓名	工作单位	职务/职称
孟楠	中国信息通信研究院	副所长
戴方芳	中国信息通信研究院	高级工程师
谢玮	中国信息通信研究院	所长
田慧蓉	中国信息通信研究院	所总工程师
杨红梅	中国信息通信研究院	所副总工程师
何异舟	中国信息通信研究院	所副总工程师
柯浩仁	中国信息通信研究院	主任
常雯	中国信息通信研究院	主任
卢丹	中国信息通信研究院	主任
卜哲	中国信息通信研究院	主任
廖璇	中国信息通信研究院	主任
毕然	中国信息通信研究院	主任
赵相楠	中国信息通信研究院	主任
陈湉	中国信息通信研究院	主任
张琳琳	中国信息通信研究院	副主任
崔现东	中国信息通信研究院	副主任
刘晓曼	中国信息通信研究院	高级工程师
景慧昀	中国信息通信研究院	高级工程师

续表

姓名	工作单位	职务/职称
葛悦涛	中国信息通信研究院	高级工程师
冯泽冰	中国信息通信研究院	高级工程师
查选	中国信息通信研究院	高级工程师
周杨	中国信息通信研究院	工程师
焦贝贝	中国信息通信研究院	工程师
李姗	中国信息通信研究院	工程师
蒋敏慧	中国信息通信研究院	工程师
秦博阳	中国信息通信研究院	工程师
崔枭飞	中国信息通信研究院	工程师
王玉环	中国信息通信研究院	工程师
缑文琦	中国信息通信研究院	工程师
李逸静	中国信息通信研究院	工程师
叶颖怡	中国信息通信研究院	工程师
李汪蔚	中国信息通信研究院	工程师
杨文钰	中国信息通信研究院	工程师
李江力	北京六方云信息技术有限公司	总裁
林明峰	杭州安恒信息技术股份有限公司	副总裁
张峰	中国移动通信集团有限公司	教授级高工
江为强	中国移动通信集团有限公司	高级工程师
徐浩	中国电信集团有限公司	高级工程师
邱勤	中国移动通信集团有限公司	高级工程师
郑涛	中国联合网络通信集团有限公司	总监

续表

姓名	工作单位	职务/职称
邹权臣	北京奇虎科技有限公司 AI 安全实验室	主任
胡毅勋	启明星辰信息技术集团股份有限公司	首席安全架构师
张延佳	启明星辰信息技术集团股份有限公司	首席安全架构师
叶林华	青藤云安全	市场总监
柏雪	杭州安恒信息技术股份有限公司	政府事务总监
李心	中国移动通信集团有限公司	项目经理

注：排名不分先后

目 录

第1章 全球发展态势

2022 年以来，全球面临更为严峻复杂的安全形势，网络环境综合治理面临突出挑战。各国安全支出加码助推全球网络安全市场规模持续扩张，人工智能、5G 等数字技术规模化应用加速，场景化安全需求日益凸显，推动网络安全新技术和新能力创新演进。伴随数据资源战略价值释放，数据安全成为全球重要议题，驱动数据要素治理和安全技术产业布局加速落地。

1.1 全球网络安全形势复杂严峻

1.1.1 全球网络安全威胁持续加深加重

一是俄乌网络攻防频发，网络空间环境恶化加剧。俄乌冲突以来，各网域参战方频繁发起网络攻击，争夺网络空间利益，恶化全球网络空间环境。首先，分布式拒绝服务(Distributed Denial of Service, DDoS)攻击此起彼伏，通过调动大规模、高强度网络流量的方式，对关键信息基础设施、关键企业进行高烈度攻击，致瘫相关重要的政府网站、公众服务等。其次，高级持续性威胁(Advanced Persistent Threat, APT)攻击隐匿持续攻击重要敏感信息部门，匿名者、洛瑞熊、伽马雷登、反对西方等黑客组织①网络攻击俄乌重点部位，大量敏感数据被窃或泄露。再次，以存储重要数据部位为目标的擦除攻击激增，据微软、思科、ESET、赛门铁克等企业披露，WhisperGate、HermeticWiper、IssacWiper、CaddyWiper、WhisperKill、DoubleZero、AcidRain、Industroyer2、RuRansom 等②新型擦除性病毒感染俄乌重要信息系统，擦除重要信息数据，致数据丢失，系统完整性和可用性遭破坏。此外，一些黑客组织无秩序攻击，易引发网络威胁外溢、网络攻击工具滥用、网络犯罪高发等风险，加速网络空间环境恶化。

二是勒索病毒攻击高发，网络安全威胁持续突出。勒索病毒持续对世界范围的政府、关键基础设施等实施网络攻击，全球多地信息系统瘫痪，被迫隔离脱机断网，重要敏感信息被窃，勒索赎金保持高位。例如，2022 年 4～6月，哥斯达黎加遭到两轮大规模勒索攻击，勒索要求 2000万美元赎金，该国首次进入"国家紧急状态"，国家财政、人社、海关、税收、教育、电信、医疗等多个政企机构信息系统被迫下线，国家网络几乎瘫痪③。2022 年 8 月，法国巴黎南部中心医院遭勒索攻击，要求赎金 1000 万美元，医

---

① 数据来源：意大利 ATOS 公司. 俄乌冲突中网络攻击风险. 2022. https://atos.net/en/lp/securitydive/risks-from-the-cyberattacks-ru-ua-conflict

② 数据来源：美国飞塔公司. 不断增加的恶意擦除器软件威胁概述. 2022. https://www.fortinet.com/blog/threat-research/the-increasing-wiper-malware-threat

③ 数据来源：美国新闻网. 哥斯达黎加混乱警告勒索病毒仍然存在. 2022. https://www.usnews.com/news/world/articles/2022-06-17/costa-rica-chaos-a-warning-that-ransomware-threat-remains

院存储、业务等系统无法使用，运营几乎中断①。2022 年 9 月，黑山政府遭勒索攻击，要求赎金 1000 万美元，该国财务、金融、电力、水利、交通等受到影响②。2023 年 2 月，美国奥克兰市因遭 Play Ransomware 勒索攻击被迫断网，进入"地方紧急状态"，大量政企个人数据被窃③。

　　三是漏洞利用攻击频繁，零日漏洞攻击依然严峻。近年来，漏洞利用攻击频繁，严重威胁网络空间安全。美国国家漏洞库(National Vulnerability Database, NVD)已收录 21 万余个④漏洞，漏洞数量持续升高，严重影响全球信息系统。美国持续更新已知被利用漏洞名录，截至 2023 年 5 月 23 日，名录已收录 939 个已知漏洞⑤，均为实际网络攻击行动中常利用漏洞，涵盖微软、谷歌、苹果、思科等企业网络产品，普遍广泛威胁网络安全。2022 年 6 月，美国网络安全和基础设施安全局(Cybersecurity and Infrastructure

---

① 数据来源：网络安全时报. 法国 CHSF 医院因勒索攻击影响其运营. 2022. https://www.thecybersecuritytimes.com/french-hospital-chsf-falls-victim-to-a-ransomware-attack-affecting-its-operations/

② 数据来源：路透社. 黑山指责网络犯罪团伙攻击其政府. 2022. https://www.reuters.com/world/europe/montenegro-blames-criminal-gang-cyber-attacks-government-2022-08-31/

③ 数据来源：美国奥克兰市政府. 奥克兰市成为勒索软件攻击的目标，安全保护和恢复工作仍在继续. 2023. https://www.oaklandca.gov/news/2023/city-of-oakland-targeted-by-ransomware-attack-core-services-not-affected

④ 数据来源：美国国家漏洞库(NVD). https://nvd.nist.gov/general/nvd-dashboard

⑤ 数据来源：美国网络安全和基础设施安全局(CISA)已知被利用漏洞名录. https://www.cisa.gov/known-exploited-vulnerabilities-catalog

Security Agency, CISA)发出警告，至少 16 个州在用的同一款电子投票机存在软件漏洞，易受网络攻击①。2023 年 2 月，多国通报威睿(VMware)"ESXi Args"网络攻击预警，攻击者通过 VMware ESXi 服务器堆溢出高危漏洞 (CVE-2021-21974)，入侵全球 3800 余台服务器，进而部署勒索病毒实施攻击②。特别是零日漏洞，因其发现即被利用，缺少修补方案，攻击成功概率大，而更具危害性，近年利用零日漏洞的网络攻击数量高位徘徊。2022 年，零日漏洞数量谷歌统计 57 个，开源统计 52 个③，较 2021 年有所下降，但仍远高于往年。2023 年 3 月，微软修复了 Outlook 软件的严重零日漏洞(CVE-2023-23397)，2022 年攻击者利用该漏洞已攻击欧洲多个政府、军事、能源、运输等机构④。

1.1.2　网络空间主权成为各国争夺的战略制高点

　　近年来，随着信息通信技术的不断发展，网络空间已

---

　　① 数据来源：美国网络安全和基础设施安全局(CISA). CISA 发布关于 Dominion 投票系统民主套件 ImageCast X 的安全建议. 2022. https://www.cisa. gov/news-events/alerts/2022/06/03/cisa-releases-security-advisory-dominion-voting-systems-democracy

　　② 数据来源：欧盟科技杂志网. 针对数千台 VMware ESXi 服务器的全球勒索软件攻击. 2023. https://www.techzine.eu/news/security/101493/global-ransomware-attack-on-thousands-of-vmware-esxi-servers/

　　③ 数据来源：捷克网络安全协助组织. https://www.zero-day.cz/

　　④ 数据来源：微软公司. 使用 CVE-2023-23397 调查攻击的指南. 2023. https://www.microsoft.com/en-us/security/blog/2023/03/24/guidance-for-investigating-attacks-using-cve-2023-23397/

成为国家继陆、海、空、天之后的第五疆域，网络已成为陆、海、空、天之后的第五大主权领域空间，成为国际各国竞争主导权的关键领域。掌握核心技术资源、具备规则制定等优势的国家，将对他国网络边疆和网络主权构成巨大威慑。就互联网而言，现行全球互联网采取集中式的运行模式，域名解析是自顶向下、逐级递归的，其中最顶层的是根域名解析服务器，负责管辖顶级域，是整个域名解析流程中的"要塞"。当前阶段，国际互联网域名解析服务主要出互联网名称与数字地址分配机构进行管理和运营，但 13 个根服务器中的主根服务器和 9 个辅根服务器仍实质性地掌握在美国手里，在这种域名解析中心式的管理模式下，要想形成各国互联网的独立运营能力，仅凭一己之力是非常困难的[1]。其他国家面临无法接入国际互联网的"索马里式风险"，一旦根域名解析服务器取消对某国递归解析服务器的 IP 地址的域名解析服务，就会造成该国不能进行域名解析而无法访问国际互联网[2]。由此可见，就现有互联网域名解析体系而言，掌握其核心技术资源就可具备让他国从国际互联网"瞬间消失"的能力，对他国网络边疆和网络主权构成巨大威慑，同时也导致国家重要网络核心技术和基础资源长期受制于人，产业自主和网络安全始终无法从根本上得到绝对保障。

在网络空间所涉及的诸多问题中，网络主权这一全新的战略思维和概念也作为国家主权的重要组成部分越来越受到关注。国家主权原则是现代国际秩序和国际法的基石，也是维护网络空间安全和国家平等的根本依托。在网络主权问题上掌握话语权的国家，能够在构建网络空间秩序和规则博弈中占据"制高点"。面对国家主权与网络空间的水土不服，目前各国都在不断探索，各自的看法和态度也不尽相同。美国主张网络主权体系，双重标准对自己有利，通过扩大美国网络空间治理理念范围，扩大美国国家利益[3]，以"网络自由"为口号，抨击他国互联网限制行为，将其置身于传统全球网络空间规则之外，实质上是企图通过依仗其信息技术和产业、域名根解析服务控制等优势能力，牢牢控制全球网络空间规则，引导符合其意识形态的价值和思想传播，形成网络空间霸权统治[4]。欧盟等国家在理念上逐步认同网络主权但在行动上仍然受制。欧盟由于是多个国家组成的政治经济一体化组织，在一定程度上自身主权并不完整，这使得网络主权的确立变得更加困难，也变得更加不确定。一方面，欧盟和其他发达国家特别重视国家的网络安全，重视国家的主权。法国、德国、英国等国家在网络主权方面没有特殊的规则导向，主要通过制定国家网络安全战略，从主权层面来强化网络空间安全战略布局。另一方面，整体上与美国网络主权理念保持一致，并在行动上频频受其牵制。中国、俄罗斯等新兴发展大国明确支持和积极主张网络主权观点。在新兴大国和集团方面，中国、俄罗斯、巴西等国家和上合组织已有较好的技术发展和经济市场作为基础，在全球网络空间主权和规则中也发挥重要的推动者角色。中国相继发布的《中华人民共和国国家安全法》《中华人民共和国网络安全法》《网络空间国际合作战略》《国家网络空间安全战略》等法律和战略文件中，均不同程度地就世界各国共建网络命运共同体提出了一些共同治理网络空间的观点和理念，也从国内建设网络强国、确保网络空间安全和网络空间主权的高度提出了一系列重要的思路和举措。俄罗斯的网络主权战略重点是强化其国家网络在全球网络空间中的自主防御能力，所以认为国家对互联网的强监管十分必要，并联合相关国家共同推动其网络空间主权理念向全球扩展。

随着信息通信领域新技术发展的日新月异，互联网应用和服务逐步向大智移云、万物互联、天地一体的方向演进。各国争相在新一轮科技革命中抢占技术制高点，出台量子计算、人工智能等新技术发展战略规划，成为各国积极掌握主动权和占据竞争优势的关键，试图以先进技术研究突破拉开代际优势。美国网络安全战略指出，将投资聚焦"微电子、量子信息系统和人工智能等"三类技术，并在 2023 财年预算为国家标准与技术研究院(National Institute of Standards and Technology, NIST)划拨 1.87 亿美元，用于包括量子科学在内新兴技术的标准更新。欧盟投资 24 亿欧元打造 IRIS²安全连接计划(2023-2027)，在近地轨道部署卫星星座，将包括用于欧洲量子通信基础设施安全加密的最新量子通信技术。英国在 2022 年发布的《国家网络战略》明确"区块链技术及相关应用，例如虚拟货币以及去中心化金融"是提升英国网络能力的关键技术。日本在 2021 年发布的《网络安全战略》提出推进网络攻击监测技术的高级化，推进研发"基于 AI 的攻击行为分析技术"，还支持"在微卫星中使用量子钥匙分发技术"。俄罗斯在 2021 年发布的《国家安全战略》明确要发展机器人技术、信息通信、量子、人工智能、大数据处理、认知以及超级计算机系统等技术。

　　先进技术存在"双刃剑"效应，在提供数字经济时代全新发展机遇的同时，也对维护网络信息安全和网络空间主权形成严峻挑战。一方面，先进技术可能打破技术发展自由和网络空间秩序间的平衡。例如，泛在技术、智能技术等新技术发展可加大网络信息的不可预测性、助长对数据和信息的深度挖掘；现有技术的融合创新应用可催生新的网络攻击模式，影响网络空间安全等。另一方面，先进技术对网络空间安全的影响映射到网络主权领域方面，可能带来非国家群体(如谷歌、亚马逊等国外大型互联网公司)凭借技术优势不断削弱主权国家垄断信息的特权；信息的过度流动导致国家对其领土内信息传播、公民网络行为、网络攻击等控制力大幅减弱；掌握先进技术的国家可利用技术优势肆意截取基础网络资源、干扰正常的跨国信息流动、削弱他国网络控制能力，甚至瘫痪他国互联网，对网络主权构成巨大挑战。

1.1.3　关键技术安全成为影响各国竞合的变量

　　一是全球主要国家持续更新网络安全战略，瞄准防御力部署升级。随着新技术的迅速发展，网络空间威胁持续增长，全球主要国家和地区纷纷更新升级网络安全战略，将网络安全纳入地缘政治竞争的视角进行布局，持续提升网络安全能力。美国致力于围绕数字生态系统多措并举加强网络安全防御，安全战略对系统性和弹性愈发重视。2023 年 3 月 2 日，美国政府发布新版《国家网络安全战略》，详细阐述了拜登政府网络安全政策将采取的全方位措施。其中提出了改善全国数字安全的整体方法，旨在帮助美国准备和应对新出现的网络威胁[①]；3 月 9 日，美国国防部发布《2023-2027 网络劳动力战略》，旨在提供改善网络劳动力的路线图，以保持在技术进步方面的前沿地位，安全快速地交付弹性系统。2022 年 11 月，美国正式公布《国防部零信任战略》，计划在 2027 财年之前实施零信任战略，并从战略愿景、战略设想、战略目标以及执行方法等多个角度对具体实施方案给出了体系化的指导和参考[5]。欧盟致力于加速自主防务执行和落地效率，公开强调"军地普适性"。2022 年 11 月、12 月先后发布了《关于欧盟网络防御政策的联合公报》《关于在欧盟全境实现高度统一网络安全措施的指令》(NIS2 指令)等网络安全战略，旨在进一步提升欧盟网络安全、弹性及事件响应能力，促进军民融合，提高网络人才储备等。其他国家逐步从防守向主动防御加速演进。2022 年 8 月，澳大利亚国防部发布《国防网络安全战略 2022》，积极调整其未来十年的网络安全计划和举措，从被动防守转变为积极主动防御[6]；2022 年 1 月，英国发布《政府网络安全战略 2022-2030》，提出政府部门要协作建设网络弹性能力以抵御网络威胁[7]。

二是各国积极构建网络安全盟友体系，区域地缘层面安全竞合加剧。各国在网络安全战略中均重视国际多边合作，在多个地缘区域、网络领域等建立联盟，促进形成多边共同的政治、经济、安全等利益，力争在国际网络空间重塑安全制度规则，在全球网络空间治理中掌握更多的主

---

① 数据来源：美国政府. 国家网络安全战略. 2023. https://www.whitehouse.gov/wp-content/uploads/2023/03/National-Cybersecurity-Strategy-2023.pdf

导权和话语权。2022 年 4 月，为了巩固网络空间安全治理主导权，美国与 G7 成员国、澳大利亚、以色列等 60 个国家共同签署了《互联网未来宣言》，促进与伙伴合作构建开放自由的互联网；2022 年 5 月，白宫发布《四方伙伴关系领导人联合声明》，加强美国、日本、印度和澳大利亚在国家关键基础设施的保护、威胁信息共享、供应链安全风险评估和识别等方面的合作，共同保护印太地区的互联网安全；2023 年 1 月，欧盟和北约签署《欧盟—北约合作联合宣言》，强调了欧盟与北约等伙伴国在网络安全领域的合作包括防御能力培训、网络教育、网络态势感知等方面，旨在加强欧洲集体防御，应对共同的安全威胁。

三是各国着力提升关键技术能力升级，拓展重点领域安全合作研究计划。各国利用重点领域网络安全合作等路径，联合推进提升网络安全关键技术升级研究，力争在国际网络空间核心技术方面占据主导地位。关键基础设施方面，2022 年 6 月，美国国土安全部 (Department of Homeland Security, DHS) 与以色列国家网络局合作，启动"双边工业研究与发展"网络计划，旨在加强两国关键基础设施的网络复原能力。7 月，美国网络安全和基础设施安全局与乌克兰国家特殊通信和信息保护局签署合作备忘录，双方将实时分享关键基础设施安全方面的技术信息并进行联合演习和培训。新兴技术方面，2023 年 2 月，北约数据和人工智能审查委员会(DARB)启动制定用户友好且负责任的人工智能认证标准，旨在确保北约范围内新的人工智能和数据项目符合国际法以及北约的规范和价值观；2023 年 3 月，美国、日本发表第 13 次互联网经济政策合作对话的联合声明，双方同意在多个领域开展合作，包括继续与第三国合作开发安全的 5G 应用，并为开放无线接入网络(Open RAN)和虚拟无线接入网络(vRAN)等创新方法营造有利环境①。数据方面，欧美等国家和地区，通过打造数据空间、设立数据银行等多种举措推动构建与数据流通场景相适应的安全保障体系。如英国、法国制定数据共享合规指引，明确数据共享各方的责任与义务；日本、德国、欧盟构建数据银行、数据空间等利于数据安全存储、访问、共享的基础设施。量子计算方面，2022 年12 月，美国与法国签署量子技术合作协议，将共同研究开发量子计算机、量子网络和量子传感器等技术，促进两国量子技术生态系统联合互补。

　　四是网络攻防日益复杂多样，技术手段持续升级。2022 年以来，网络安全方面的大科学装置、重大基础设施、大系统、大模型和重大装备等不断取得新进展。新型网络安全试验科学装置诞生。2023 年 6 月，美国发射名为"月光者"(Moonlighter)的太空网络安全测试卫星，该卫星作为黑客太空试验场，用于太空系统网络攻防演习并测试验证太空体系的端到端网络防御理论与方法。美国、欧盟等部署新的重大基础设施以抵御内外部网络安全威胁。2023 年 4 月，欧盟基于网络安全运营中心部署构建"网络穹顶"(Cyberdome)项目，利用人工智能超级计算机检测网络攻击，从而抵御外部网络威胁。2023

---

① 数据来源：全球技术地图. 美国与日本举行第 13 次互联网经济政策合作对话，并发布联合声明. 2023. https://baijiahao.baidu.com/s?id= 176068062
8445013430&wfr=spider&for=pc

年 7 月，美国网络安全和基础设施安全局发布"网络哨兵计划"(CyberSentry Program)，通过对关键基础设施的 IT和 OT 网络实施跨部门实时监控，保护美国关键基础设施运营商免受已知和未知威胁的影响。重大系统平台正在加速升级迭代。美国网络安全和基础设施安全局计划建设新的网络分析和数据系统(Cyber Analytics and Data Systems, CADS)，作为后爱因斯坦时代美国国家网络防御体系的重要组成部分，CADS 被视为系统之系统(System of System)，提供入侵检测、入侵防御、安全分析和信息共享等核心能力。美国国防部高级研究计划局于 2023 年 6月推出"安全工具智能生成"(Intelligent Generation of Tools for Security, INGOTS)计划系统，这一人工智能驱动的网络漏洞预防系统可快速自主识别复杂系统存在的漏洞。美国国土安全部在 2023 年 1 月启动机器学习高级分析平台(CAP-M)项目，计划研究下一代网络安全分析平台，利用多云协作环境、跨网络数据源的分析技术等改进态势感知和决策，保护基础设施安全。大型零信任模型架构迁移取得新进展。美国"雷霆穹顶"(Thunderdome)零信任架构试点于 2023 年 3 月成功完成，该项目可提供安全访问服务边缘(Secure Access Service Edge, SASE)、身份、凭证和访问管理(Identity, Credential, and Access Management, ICAM)、软件定义广域网(Software-Defined Wide-Area Networking, SD-WAN)等约 123 项功能，美国国防信息系统局正在制定新的采购策略推进项目全面投产。众多网络攻击武器装备相继被研发和应用。美国国家安全局(National Security Agency, NSA)打造了体系化的网络攻击平台和制式化的攻击装备库，实现了攻击的工程化、自动化和智能化[①]。被公开揭露的高端网络攻击武器包括QUANTUM(量子)攻击系统、FOXACID(酸狐狸)零日漏洞攻击平台、Validator(验证器)后门、UNITEDRAKE(联合耙)后门系统等[②]。

1.1.4 全球电信网络诈骗治理形势愈发严峻

近年来，随着信息社会快速发展，以电信网络诈骗为代表的新型网络犯罪已成为当前的主流犯罪，特别在新冠疫情、经济社会发展等多重因素影响下，电信网络诈骗在世界主要国家和地区均呈现迅猛增长态势，已成为全球性打击治理难题。在美洲，以美国为例，电信网络诈骗犯罪案发量与关联损失金额逐年攀升。美国联邦调查局报告显示，2022 年美国人因各种电信诈骗损失了 103 亿美元(折合人民币 709 亿)，为五年来最高[8]。在亚洲，以日本为例，电信网络诈骗损失金额也出现了较大幅度的增长，据日本警察厅公布的 2022 年犯罪状况(暂定值)显示，2022年，日本特殊诈骗(在日本电信网络诈骗被统称为"特殊诈骗")损失金额增加 28.2%，至 361.4 亿日元(约合人民币 18.8 亿元)，八年来首次增加[9]。诈骗实施的渠道开始由电话、短信、邮件向互联网领域快速转移，支付渠道也

---

① 来源：环球时报. 美国顶级网络武器平台曝光：完全实现工程化、自动化、人工智能化. 2022. https://world.gmw.cn/2022-03/22/content_35605088.htm

② 来源：360 数字安全集团. 网络战序幕：美国国安局 NSA(APT-C-40)对全球发起长达十余年无差别攻击. 2022. https://www.anquanke.com/post/id/268964

由实体卡支付向虚拟货币转变，各类诈骗手法不断更新变化、迭代升级，让人防不胜防。

一是诈骗手法与社会热点及目标人群紧密关联。一方面，各国诈骗手法均呈现与社会热点关联的特点。在新冠疫情全球大流行中，利用疫情实施的诈骗案件数量在各国均有所增多。据美国互联网犯罪投诉中心(Internet Crime Complaint Center, IC3)统计，截至 2022 年 4 月，在美国利用疫情实施的电信网络诈骗已累计 31.7 万起，损失金额达 7.6 亿美元(约合人民币 52.3 亿元)[10]。韩国则在 2022 年出现了以"大选民调"等为噱头实施网络诈骗的案件。另一方面，诈骗手法也会根据诈骗目标进行专门定制，让诈骗行为变得更具迷惑性，让社会公众更容易上当受骗。例如，新加坡"假华侨银行钓鱼短信骗局"，在不到一个月的时间，就让至少 469 名华侨银行客户损失超过 850 万新元(约合人民币 4412.9 万元)[11]。

二是诈骗渠道向互联网领域快速转移。在沟通联络方面，互联网逐渐取代传统电话、短信，成为电信网络诈骗发生的"主阵地"。据美国联邦调查局发布的报告显示，2022 年，美国人深受"网络诈骗"之害，其中，网络钓鱼是最常见互联网诈骗形式，有 30 万美国人因此被骗，损失超过 5200 万美元(约合人民币 3.58 亿元)。社交媒体逐渐成为实施电信网络诈骗行为的"垫脚石"。据全球反诈骗联盟(Global Anti Scam Alliance, GASA)和 ScamAdviser 在 48 个国家/地区发布的《2022 年全球诈骗状况报告》披露，在巴基斯坦 23%被报告的网上犯罪始于 Facebook，在印度尼西亚 51%的诈骗案始于社交媒体[12]。

三是诈骗资金逐渐使用虚拟加密货币。随着当前支付方式的线上化、多样化，以及虚拟货币的盛行，诈骗分子要求受害人支付财产的方式也从银行卡转账向虚拟财产转移，利用虚拟货币匿名化、难追踪等特点，来逃避追查溯源。2022 年 6 月，美国联邦贸易委员会发布报告称，2021 年以来，约有 4.6 万人声称遭遇加密货币诈骗，损失金额超过 10 亿美元(约合人民币 68.8 亿元)，是 2018 年的 60 倍，用于支付的加密货币主要为比特币(70%)、Tether(10%)、以太币(9%)。特别是，使用虚拟货币支付"杀猪盘"类诈骗资金转账增速明显，2021 年达到了 1.85 亿美元(约合人民币 12.7 亿元)[13]。

四是受骗人群以中老年等重点群体为主。受社会老龄化、贫富年龄差距等因素影响，老年人更易成为诈骗分子锁定的目标。据美国联邦调查局互联网犯罪投诉中心发布的《2022 年互联网犯罪报告》显示，2022 年美国老年人因网络诈骗总共损失了 31 亿美元(约合人民币 213 亿元)，是所有年龄段中损失最多的。此外，一个来自印度的电信诈骗团伙专门以美国老年人为目标，几乎一半的受害者超过 60 岁，造成了超过 10 亿美元(约合人民币 68.84 亿元)的经济损失[14]。在澳大利亚，65 岁以上的老人成为电信网络诈骗的主要受害人群，据竞争与消费者委员会的数据统计，2022 年，澳大利亚老人因诈骗损失的金额达 1.2 亿美元(约合人民币 8.26 亿)，占总损失的 21.2%①。而在韩国，40～59 岁人群受骗最多，金额达到 873 亿韩元(约合

---

① 数据来源：竞争与消费者委员会官网. https://www.scamwatch.gov.au/scam-statistics?scamid=all&date=2022

人民币 4.61 亿)，60 岁以上人群次之，被骗金额为 614 亿韩元(约合人民币 3.24 亿)[15]。

1.2　新形势驱动数字基础设施防御体系构建

1.2.1　数字安全成为数字化发展的基石底座

全球发展战略向数字领域转移，各国加紧数字安全同步布局。自 2015 年起，全球已超过 170 个国家制定数字战略，发展数字安全已成为世界主要国家抢抓数字空间自主权的战略共识，尤其以德国、法国为代表的传统技术强国通过强化"数字主权"以及数据、数字技术和数字基础设施安全等，保障数字空间发展安全。可以看出，建设数字安全能力是畅通数字空间线上治理和国家社会线下治理的必要条件，是构建数字安全核心竞争力、确保国家数字空间竞争优势地位的重要保障。从各国数字安全战略布局来看，数字战略中安全核心要素变化延伸，数字技术、数据要素、数字基础设施、数字服务等不断超出传统网络安全范畴，逐渐成为数字安全新要素，逐步打造从底层基础设施到上层数字业务场景的全向数字安全能力建设。从国内看，党的二十大报告中提出"推进国家安全体系和能力现代化"，开启应对数字安全挑战新时代。

一是全球拥抱数字化转型，数字技术的安全性带来系统性、结构性风险。伴随新兴数字技术的规模化应用，数字技术的核心安全问题已由传统安全漏洞、攻防对抗等，转变为由技术自身的不可控性、不可解释性等引发的安全"底板"问题，逐步成为影响全局安全的系统性、结构性风险因素。以人工智能技术为例,其算法缺陷、模型可解释性等风险可直接影响现实世界,甚至引发重大安全事故。例如,自动驾驶汽车因环境感知算法存在缺陷,未及时识别并预警道路异常情况,造成车辆追尾及人员伤亡。

二是国际政治经济环境动荡,进一步放大突出产业链供应链安全矛盾。伴随全球数字化发展,在疫情冲击、逆全球化、地缘政治冲突等各要素的叠加影响下,世界数字格局进入竞争优势重塑、国际规则重建的动荡变革期。数字地缘格局下,"科技脱钩、政策规锁"等手段已逐渐成为部分国家维持技术领先优势、提升自身数字竞争力的常见途径,产业链供应链的稳定性、安全性风险受大国博弈、政策环境、产业布局等因素影响不断加剧,逐渐影响经济发展与社会运行。

三是数字时代安全问题扩展至网络物理融合空间,风险级联效应显现。随着全球数字化发展进程的加速,催生新业态、新模式、新领域的同时,物理世界可以通过数字网络映射和表征,二者互相交织融合,安全保护对象范围不断延伸拓展,从计算机、软件应用等传统 IT 层面延伸至无人机、机械臂等 IT/OT 融合领域对象,工业数字化设备、联网汽车等融合领域安全资产需要重点保护。大量传统设备、网络系统等的联网打破原有相对可信、封闭的网络环境,安全问题与风险逐渐超出传统网络安全范畴,对经济发展和社会稳定,甚至国家安全的威胁影响逐渐扩大。面对严峻的安全形势,全球主要国家强化网络物理融合领域安全监管。美国、欧盟等逐步推进和完善工业互联网安全相关战略、法律、政策及标准体系,同时相继出台物联网安全相关准则及法案，提高物联网安全性与可靠性。

1.2.2 世界各国加快落实 5G/6G 安全战略和政策

5G 在带动实体经济资源优化配置、赋能传统产业转型升级、催生新产业新业态新模式等方面发挥着重要作用。随着全球主要国家持续加快 5G 网络建设，并积极推进 5G+工业制造等领域融合应用服务落地、6G 网络关键指标及技术研究，5G/6G 安全工作的重要意义不断提升。

一是世界各国强化 5G 安全风险消减举措，持续发布 5G 安全相关技术性指引。美国、欧盟仍高度注重 5G 安全问题，出台政策、技术指南旨在消减可能存在的安全风险。美国方面，高度重视其在 5G 的竞争力，出台多项政策和指南，包括：美国兰德公司发布《保障 5G 安全：中美安全竞争对抗出路》[①]报告、美国国土安全部和网络安全与基础设施安全局联合多部门制定《5G 安全评估流程指南》[②]、美国国家标准与技术研究院(NIST)国家网络安全卓越中心(National Cybersecurity Center of Excellence, NCCoE)发布《5G 网络安全：方法、架构和安全特性(草案)》[③]等，旨在提升美国 5G 安全技术优势，组织推进 5G

---

① 数据来源：美国兰德公司. 保障 5G 安全：中美安全竞争对抗出路. 2022. https://www.rand.org/pubs/research_reports/RRA435-4.html

② 数据来源：美国国土安全部和网络安全与基础设施安全局等. 5G 安全评估流程指南. 2022. https://www.cisa.gov/news-events/alerts/2022/05/26/cisa-and-dod-release-5g-security-evaluation-process-investigation

③ 数据来源：美国国家标准与技术研究院(NIST)国家网络安全卓越中心(NCCoE). 5G 网络安全：方法、架构和安全特性(草案). 2022. https://www.nccoe.nist.gov/sites/default/files/2022-04/nist-5G-sp1800-33b-preliminary-draft.pdf

安全风险评估，促进 5G 独立组网安全复制推广；欧盟方面，持续关注 5G 网络关键技术安全风险及消减措施，相继发布《5G NFV 安全：挑战与最佳实践》[①]《5G 网络安全标准：支持网络安全政策的标准化要求分析》[②]《Open RAN 安全性报告》[③]等技术文件，积极应对 5G 网络虚拟化、开放式无线接入网络(Open RAN)存在的安全威胁，推进 5G 网络安全领域的标准化工作。

二是 5G 安全相关国际标准迎来新进展，向着使能行业安全不断演进。第三代合作伙伴计划(3rd Generation Partnership Project, 3GPP)等国际标准组织分阶段开展安全标准研究，除了不断增强 5G 网络自身安全机制之外，加快推进面向应用场景的业务安全与能力开放，进行 5G 垂直行业应用安全优化增强。其中，R15 版本主要关注 5G 网络安全架构和接入认证鉴权、切换等安全交互流程。R16 版本已覆盖了三大场景的安全技术要求，进一步增强 5G 服务行业应用的安全能力。R17 版本重点面向垂直行业(切片增强、无人机、广播等)优化安全增强，围绕多接入边缘计算(Multi-acess Edge Computing, MEC)平台安全解

---

① 数据来源：欧盟网络和信息安全局(ENISA). 5G NFV 安全：挑战与最佳实践. 2022. https://www.enisa.europa.eu/publications/nfv-security-in-5g-challenges-and-best-practices

② 数据来源：欧盟网络和信息安全局(ENISA). 5G 网络安全标准：支持网络安全政策的标准化要求分析. 2022. https://www.enisa.europa.eu/publications/5g-cybersecurity-standards

③ 数据来源：欧盟网络和信息安全局(ENISA). Open RAN 安全性报告. 2022. https://digital-strategy.ec.europa.eu/en/library/cybersecurity-open-radio-access-networks

决方案、5G 垂直行业安全、5G 统一安全认证标准演进开展研究工作，已于 2022 年 7 月冻结。R18 版本进一步聚焦研究 B5G 相关安全问题，在安全架构增强方面，启动了零信任安全、证书管理自动化安全的课题研究，主要研究现有 5G 安全机制和零信任的融合点，以及如何提升证书的自动化管理程度；在使能垂直行业安全方面，R18 延续 R17 课题，持续进行切片、边缘计算、eNPN 安全增强等研究，同时针对下一代实时通信安全、利用人工智能/机器学习技术增强安全和隐私保护、北向 API 接口访问安全、测距测角安全等新问题启动了课题研究；在基础安全增强方面，R18 持续关注空口标识隐私安全增强、漫游场景下的安全能力开放机制、应用认证与密钥管理、伪基站防御增强等问题，如图 1.1 所示。

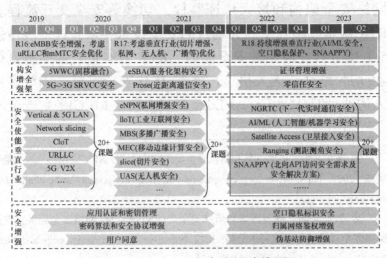

图 1.1　3GPP 5G 安全发展路线图

三是全球 5G 网络建设持续推进，各国积极推动 5G

应用安全落地。全球 5G 网络建设持续推进，用户规模快速壮大，截至 2022 年 10 月底，已有 88 个国家和地区的 233 家网络运营商宣称开始提供 5G 业务[①]。美国、欧盟、韩国等通过政策发布和项目部署，大力促进 5G 融合应用场景探索拓展，并围绕工业、医疗、交通、教育、港口、农业等多个垂直行业开展了广泛的 5G 行业应用试点试验，在建设过程中同步开展安全规划和部署，对 5G 网络系统安全性和韧性开展评估。此外，全球产业界不断加强跨行业、跨领域合作，电信运营商、设备厂商、垂直行业企业、安全企业形成合力，共同推动融合应用多场景安全加速落地。

四是全球重视 6G 安全问题，安全、韧性等要素成为 6G 关键特征。全球主要国家纷纷加快布局 6G 研究，在各国发布的 6G 愿景、6G 网络架构和潜在关键技术中，均将安全纳入到 6G 愿景中，其中美国的 Next G 联盟将信任、安全、韧性等广义安全概念列为 6G 愿景，提出 6G 需要具备安全性、可靠性、隐私性和韧性特征，以及更高的可用性、机密性和隐私保护能力。欧盟 Hexa-X 项目提出要构建值得信赖的 6G，要求确保端到端通信的机密性、完整性和可用性，保护数据隐私，保障网络运行韧性和安全性。日本在《Beyond 5G/6G 白皮书》中提出 2030 社会愿景是可靠、包容和可持续的，B5G 需具备超安全性和韧性，并提出了基础设施安全、大规模攻击响应技术、量子密码技术、韧性技术等 6G 潜在安全技术。2023 年 6 月，国际电信联盟 ITU-R WP5D 完成了《IMT-2030 全

---

① 数据来源：中国信息通信研究院. 5G 应用创新发展白皮书——2022 年第五届"绽放杯"5G 应用征集大赛洞察. 2022

球 6G 愿景框架建议书》，定义了 6G 网络的 6 大场景和 9 项能力共 15 个关键能力指标，其中针对网络安全指标，ITU 提出 6G 网络需要同时满足安全、隐私和韧性三个能力。安全主要关注对网络的防护能力，包括分区分域隔离、访问控制、态势检测、处置恢复、安全响应等，隐私关注网络中敏感信息和重要信息的保护，韧性关注网络被攻击或破坏后，具备足够韧性恢复能力保障服务不中断。

1.2.3　工业互联网安全在实践探索中不断优化

一是全球主要国家加速建设工业互联网安全保障体系。指南制定实施方面，明确工业领域网络安全要求，引导相关企业开展安全保障体系建设。2022 年 9 月，美国国家安全局和网络安全与基础设施安全局联合发布网络安全咨询指南，提供了限制工业控制系统信息暴露、识别和保护远程接入点、限制工具和脚本、定期进行安全审核等有关建议。机构组织设立方面，通过成立新的组织机构调动各方资源，形成工作合力应对严峻的网络安全形势。2023 年 2 月，澳大利亚成立了一个新的网络安全非营利组织——关键基础设施-信息共享和分析中心，通过建立中央网络安全能力以帮助资源受限的实体服务提供商，为关键基础设施有关部门相应的安全资产提供安全保护。美国司法部成立了一个新的工作组，聚集世界领先的网络安全专家来对抗网络威胁，识别工业关键资产(如半导体)的安全威胁并实现早期预警。行动计划部署方面，加强网络安全相关行动计划部署，在安全实践中提升安全保障能力。2022 年 6 月，美国能源部和国家可再生能源实验室联合推出清洁能源网络安全加速器计划，开发电网运营网络安全解决方案，消减安全风险，确保关键能源基础设施可靠、弹性和安全；日本政府发布重要基础设施企业网络安全行动计划，对可能导致重要基础设施故障的供应链进行风险管理，确保电信中心、铁路、发电厂等重要网络基础设施免受黑客攻击[16]。

二是工业互联网安全技术能力不断迭代升级。一方面，围绕生产制造和业务能力提升等网络安全实际需求，推出实用型安全解决方案。2022 年 10 月，Radiflow 和 Allicd 两家企业共同推出运营技术/工业控制系统(OT/ICS)威胁遏制和预防解决方案，该方案能够在网络遭到破坏之前快速检测和隔离可疑操作；2022 年 11 月，安全企业 Swimlane 将 OT 和 IT 网络安全威胁、资产情报和专业知识结合起来，推出自动化安全解决方案，为工业安全运营团队有效应对网络安全威胁提供了帮助。另一方面，开发匹配工业环境的网络安全技术工具，助力企业及时发现并解决存在的安全隐患。2023 年 1 月，OT 和物联网安全公司 Nozomi Networks 推出 Nozomi Arc 终端探针，探针支持漏洞评估、端点保护、流量分析功能以及对正在进行的威胁和异常的更准确诊断；工业网络安全公司 Otorio 发布 DCOM Hardening Toolkit 工具，对使用 OPC(Object Linking and Embedding(OLE) for Process Control)数据访问协议在 OT 网络内的可编程逻辑控制器和软件之间进行通信的组织非常有用。此外，强化实验室能力建设，实现安全技术保障实力提升。2022 年 11 月，英国国防部与侵入式实验室(Immersive Labs)合作，计划建设 1800 个网络安全实验室，通过安全模拟和实际验证等方式评估安全人员应对威胁决策的表现，从而提高国防人员应对网络威胁的能力[16]。

三是工业互联网安全合作热度依然高涨。各国在多工业领域场景开展网络安全攻防演练。2022 年 5 月，国际原子能机构、奥地利理工学院和斯洛文尼亚核安全局在核设施领域合作开展网络安全攻防演习，提升全球针对核设施的网络安全保障工作[17]。工业企业、网络安全企业间合作愈发密切，共同提升网络安全保障能力。2022 年 6 月，工业安全企业 Dragos 与全国制造商协会合作发起 OT-CERT 新倡议，将更多的网络安全资源开放给工业企业，以提升工业网络安全态势和防护能力[16]。跨国开展工业领域网络安全合作成为大势所趋，2022 年 7 月，美国政府网络安全负责机构与乌克兰签署深化两国网络安全合作的谅解备忘录，将原来的对抗俄罗斯军事网络对抗合作延伸至关键基础设施网络保护、威胁情报共享、网络攻击应急响应、联合安全演练和项目实施等新方面。2023 年 2 月，美国、澳大利亚、印度和日本四方高级网络小组发表联合声明，为关键部门的信息通信技术和运营技术系统创建确保供应链安全和韧性的框架和方法。2023 年 2 月，美国和北约举行 2023 年度"锁定盾牌"网络演习，旨在使网络安全专家能够进一步提高其在实时攻击下防御系统和关键基础设施的技能。2023 年 2 月，工业网络安全供应商 Nozomi Networks 扩大与网络威胁情报公司 Mandiant 的合作伙伴关系，使工业企业客户能够通过预测、诊断和响应来保护关键业务运营免受运营技术网络威胁。

1.2.4　美国、欧盟等大力推进关键基础设施安全战略部署

金融、交通、能源、通信等行业领域的重要网络和信

息系统影响着国家安全、国计民生，一旦遭到破坏，将给国家安全带来重大影响甚至毁灭性危害，被各国纳入关键基础设施，提升到国家战略高度实施重点保护。近年来，关键基础设施正逐步成为黑客组织的重点攻击目标之一，美国、欧盟等大力推进关键基础设施安全相关的制度建设和技术研究，构建完善安全保护体系，大力提升安全韧性。

一是关键基础设施成为网络攻击焦点，国家级、大规模攻击盛行。近年来，针对关键基础设施的网络攻击数量迅速增加，带有国家政治背景战略入侵和大规模网络攻击的趋势逐步明显。随着黑客思维变革、攻击技术手段演进，网络攻击更具广泛性、隐蔽性、突发性、猛烈性等特点，以 APT、大规模 DDoS、勒索病毒等为典型代表的分散型、组合型国家级网络攻击，给关键基础设施稳定运转带来威胁挑战，关键基础设施的预警监测能力、安全防护水平和应急响应机制等面临严峻考验，或将严重影响国家安全。2022 年 10 月，俄罗斯最大的国有商业银行——俄罗斯储蓄银行遭遇了史上最大规模 DDoS 攻击，持续时长达到 24 小时 7 分钟。

二是美国、欧盟等持续加强战略部署，推动关键基础设施安全能力升级。美国方面，2022 年 6 月，美国能源部发布《国家网络信息工程战略》，指导能源部门将网络安全实践纳入工程系统的设计生命周期，提升电力行业关键基础设施的安全性和网络弹性能力，以应对当前和未知的网络安全威胁；2023 年 3 月，美国政府发布新版《国家网络安全战略》，旨在帮助美国布局未来竞争领先优势，提出了捍卫关键基础设施安全等重点内容，明确保障资金投入、引领技术路线、强化政企协同等优先举措。欧洲方面，2022 年 12 月，欧洲议会和欧盟成员国连续发布《关于在欧盟全境实现高度统一网络安全措施的指令》(NIS2 指令)、《关于加强关键实体韧性指令》两项指令，增强关键基础设施韧性，强化安全威胁应对能力；欧盟-北约关键基础设施韧性特别工作组成立，并于 2023 年 3 月召开第一次工作会，启动双方在能源、数字基础设施、交通和空间等四个关键基础设施领域的安全合作，共同制定提高基础设施韧性的制度框架。2022 年，英国政府相继发布《政府网络安全战略 2022-2030》和新版《国家网络战略》，旨在强化网络关键技术，确保国家建立强大的网络弹性，增强网络威胁抵御能力。

三是美国、欧盟致力于优化安全架构模型，推动网络安全能力创新升级。第一，通过推动开展网络安全能力成熟度评估的模式，以一致性标准评价安全能力水平，引导能力提升方向。其中，美国能源领域的网络安全能力成熟度 C2M2 模型，已广泛应用于美国 16 个关键基础设施领域，并于 2022 年 6 月发布 C2M2 2.1 版本，以适应新兴技术发展和网络威胁不断演变，提升关键基础设施安全能力。第二，致力于通过实施零信任架构，实现 IT 和 OT 现代化。美国政府启动零信任架构的战略计划，改善网络安全的同时，为关键基础设施领域树立安全能力典范。2023 年 4 月，网络安全和基础设施安全局更新发布了《零信任成熟度模型 2.0》，作为零信任战略的补充，旨在为各机构提供路线图和资源，采用零信任安全原则，调整网络架构，构建安全的网络环境。

1.3　新技术驱动网络安全关键技术协同发展

1.3.1　人工智能技术应用机遇和挑战并存

当前，以 ChatGPT 为代表的大模型技术爆发，从研发模式、算法类型、适配场景、智能水平、应用范围等多维度推动人工智能迈入全新的阶段。然而，随着基于大模型的生成式人工智能系统广泛应用于信息生成传播、网络攻防、智能制造等领域，其"双刃剑"效应将愈加凸显。与此同时，大模型技术的快速发展也将推动以元宇宙为代表的虚实融合世界的加速构建，为国家社会和个人安全带来更广泛的冲击。

一是生成式人工智能安全风险隐患日益突出。生成式人工智能指基于算法、模型、规则生成类似人类生成内容的技术，包括生成文本、图片、声音、视频、代码等多种形式，目前是人工智能领域最为广泛关注的技术。首先，生成式人工智能技术易引发数据安全风险。生成式人工智能需大量数据投喂模型，训练数据采集来源是否安全、采集行为是否获得授权、采集方式是否安全可靠尚不公开透明，相关企业是否按照各国既定法律法规进行数据采集存在问题；此外，数据提供者在和模型训练者进行数据共享时，若防护措施不到位，大量数据的传输共享易造成数据的泄露风险。其次，生成式人工智能易引起违法有害信息传播的舆论风险。生成式人工智能生成的内容完全依赖于对训练数据的模仿、联想与创作，存在缺乏道德伦理约束、审核机制不完善等问题，进一步导致政治操控、舆论泛滥、自由化和无政府主义倾向等不可控风险。2023 年 3 月，"美国前总统特朗普被捕"图片在一些社交平台流传开来，这些图片显示特朗普或被警察围捕，或在劳改、越狱，普通人仅凭肉眼难以辨别真假[①]，引发舆论热潮。最后，生成式人工智能易造成网络攻击智能化风险。目前生成式人工智能已被证明其可能用于编写恶意软件，一方面使网络攻击自动化和规模化，提高攻击效益；另一方面人工智能可自动分析攻击目标的安全防御机制，针对薄弱环节进行定制化攻击，提高攻击成功率[18]。二者结合使得网络攻击智能化模式复杂多变，防范难度大大提升。

二是以 ChatGPT 为代表的人工智能大模型为高效自动化网络安全防护带来新机遇。ChatGPT 等人工智能大模型，是在大规模数据集上通过自监督学习方式训练获得超千亿参数规模的算法模型，在零样本学习、上下文学习、逻辑推理、强泛化性等任务上展现出远超小模型的能力。ChatGPT 等大模型卓越的自然语言理解分析、知识建模、智能推理等能力可有效提升现有网络安全技术的智能化水平。首先，ChatGPT 等大模型技术可实现自动化代码漏洞检测和安全攻击发现。大模型技术具有强大的自学习和自适应能力，可从海量代码数据中学习检测多类型代码安全漏洞，也可从海量流量数据中学习发现安全威胁信号，从而帮助安全团队更好地掌握网络的安全状况，及时采取措施加以解决。其次，ChatGPT 等大模型可助力实现网络安

---

① 数据来源：中国新闻网. "特朗普被捕"AI 图片，为何能堪比大片. 2023. https://interview.chinanews.com/cj/2023/03-24/9977629.shtml

全事件快速应急响应。一方面，相比于人工，大模型可从海量数据中及时检测发现安全威胁并进行快速响应处置。另一方面，大模型技术可以帮助网络安全团队，对海量安全数据进行自动分析和挖掘，获得更深入准确的安全洞察，为安全决策提供更加科学的支持。目前，微软已使用GPT-4 大模型研发推出人工智能安全助手 Security Copilot产品[①]，可帮助安全人员快速检测和响应安全威胁，更好地了解安全隐患态势。

　　三是元宇宙数字安全风险日益凸显。元宇宙是运用数字技术构建的平行于真实世界的虚拟世界，融合了虚拟现实、Web3.0、人工智能等技术，目前已有落地应用但存在较多风险。首先，元宇宙面临严重网络数据安全隐患。由于虚拟世界的数字化本质，用户在元宇宙中的一切活动都形成数字痕迹，如用户位置、行为和偏好。这些敏感数据极易暴露，带来身份盗用、金融欺诈、人身安全受侵犯等安全风险。其次，元宇宙存在社会安全风险。由于虚拟世界的超现实性和对用户原创内容的依赖性，恶意行为者可能发布不实信息、做出对其他用户造成伤害的行为，或者利用元宇宙的沉浸感对其他用户开展社交工程或政治操控，危害用户身心健康与社会秩序。此外，元宇宙数字经济与实体经济深度融合带来新的金融风险。虚拟世界的广自由度为交易活动提供了更多潜在犯罪空间，成为黑产、洗钱、诈骗的滋生温床，导致受害者血本无归。最后，元宇宙消耗大量算力资源造成能源安全风险。《纽约时报》

---

① 数据来源：微软官网. 2023. https://www.microsoft.com/en-us/security/business/ai-machine-learning/microsoft-security-copilot

曾于 2023 年 4 月发表文章批评比特币挖矿造成的能源消耗和碳污染问题，足见该问题已经引发一定关注[①]。

1.3.2　软件供应链风险助推治理实践演进落地

一是软件供应链风险日益凸显。自 2020 年太阳风事件以来，各软件供应链攻击事件导致了不同程度的数据泄露、服务中断等问题出现，已经引起了社会各界的广泛关注。软件供应链的安全治理需要特别关注网络安全风险、完整性风险和开源许可证风险。网络安全风险方面，软件供应链复杂程度随着功能要求不断提升，攻击往往难以及时发现和有效防御。攻击者可以利用软件供应链上的信任关系来逃避检测，安全漏洞往往深藏于代码之中。例如，软件公司 FishPig 开发的多个扩展在 2022 年 8 月受到供应链攻击，使得许多使用了该公司扩展的网站遭受攻击，其官方安全公告于 9 月发布[②]。此外，软件供应链环节多、流程长，攻击波及面广，软件供应链下游用户往往无法修复中游和上游的脆弱性问题。例如，商业聊天软件提供商 Comm100 于 2022 年 9 月 27 日遭到网络攻击，使其分布在多行业中上万用户的敏感信息面临泄露风险[③]。断供风险方面，软件全球化趋势增强，软件间依赖程度增加，软

---

① 数据来源：元宇宙简史. 纽约时报发文痛批比特币挖矿导致环境污染，引发诸多关注争议. 2023. https://www.sohu.com/a/665295217_121696796

② 数据来源：FishPig 官网发布恶意代码被注入到插件的安全公告. 2022. https://fishpig.co.uk/security-announcements/#X20220913

③ 数据来源：CrowdStrike Falcon®平台博客. 2022. https://www.crowdstrike.com/blog/new-supply-chain-attack-leverages-comm100-chat-installer/

件供应链完整性控制难度随之增大。因此，如果上游供应商供货受限，下游用户就有可能面临断供风险。例如，2022 年 8 月美国商务部宣布对设计全环绕栅极晶体管技术(Gate-All-Around Field Effect Transistor, GAAFET)集成电路所需的电子设计自动化(Electronic Design Automation, EDA)软件实行新的出口管制，该措施阻碍了其他国家的芯片开发进程[①]。2022 年的俄乌冲突中，多个开源社区、企业出于地缘政治立场对俄罗斯采取暂停服务等限制措施，使俄罗斯部分软件不可用。开源许可风险方面，开源软件得到了广泛的应用，但是其存在许可证传染、冲突等风险，用户可能会因此面临经济赔偿。在敏捷开发要求下，软件开发人员通常会使用大量的开源组件，这要求他们在开发过程中同时满足所使用开源组件的许可证要求。然而，不同许可证的条款可能会冲突，部分许可证要求新开发软件与其组件使用相同的许可证，并进行开源，导致许可证存在冲突、传染风险。

二是各组织的软件安全技术措施和相关规范不断演进。从企业层面来看，全球各安全厂商在服务和技术上不断推陈出新：德勤提供的网络风险服务支持软件安全开发方向[②]，旨在帮助企业在软件开发的各个阶段中考虑和解决安全问题。这些方法侧重于将安全性嵌入开发过程的所

---

① 数据来源：美国商务部工业和安全局发布对 EDA 软件的管制文件. 2022. https://www.federalregister.gov/documents/2022/08/15/2022-17125/implementation-of-certain-2021-wassenaar-arrangement-decisions-on-four-section-1758-technologies

② 数据来源：Deloitte 服务官网. https://www2.deloitte.com/hu/en/pages/risk/solutions/biztonsagos-szoftverfejlesztes.html

有阶段，包括检查各流程中实践的安全性、完善开发方法、为开发人员提供安全培训等。具体技术方面，模糊测试作为一种检验应用程序编程接口(Application Programming Interface, API)可靠性的重要技术，其能力不断增强。Boofuzz 作为该类技术的一个代表[①]，其更改版本(2022.11.14)包括删除 Python 3.6 支持，添加 3.11 兼容性，在文件写入时指定编码而不是假设默认编码等功能。此外，静态代码分析技术方面，Synopsys 公司的静态代码分析工具 Coverity[②]可以支持 C/C++、Java 等构建的开源项目中的缺陷，该产品于 2022 年 8 月 14 日升级到 2022.06 版本，该版本实现了显著的性能提升，拓宽平台、环境和集成开发环境(Integrated Development Environment, IDE)支持，添加了多种语言和工具改进。行业层面上，Synopsys 于 2022 年 9 月发布软件安全构建成熟度模型 BSIMM 的第 13 个版本 BSIMM13[③]，其提供了来自 130 多个垂直领域参与组织的详细信息，以帮助组织提高运行其企业软件的安全性。BSIMM13 指出的主要趋势之一是更加关注开源软件和供应链安全。在这个趋势下，英国最大的综合年度安全会议和培训活动 44Con[④]吸引了来自不同国家、地区、企业的信息安全行业从业者分享研究。在国家层面上，美国 NIST 于 2022 年 5 月份就软件供应链中的软件安全给出了

---

① 数据来源：github. https://github.com/jtpereyda/boofuzz
② 数据来源：Synopsys 官网博客的静态分析工具 Coverity 说明
③ 数据来源：BSIMM13 报告官网. https://www.synopsys.com/software-integrity/resources/analyst-reports/bsimm.html?intcmp=sig-blog-bsimm13
④ 数据来源：44Con 官网. https://44con.com/44con-2022-talks-and-workshops/

标准相关说明[①]。现有的行业标准、工具和推荐做法主要是通过 SP 800-161 的视角介绍的，但从用户的角度来看，该文件内容范围不够。于是官网给出了其他相关出版物列表，其中含有 BSIMM，国家层面的指导建议随着实践应用而与时俱进。

三是多方共治提升网链安全成为共同选择。在软件开发体系以及软件全生命周期中存在着错综复杂的依赖关系，因此，若软件供应链任一环节中存在安全漏洞或恶意代码，这些漏洞和代码则会沿着软件供应链快速传播，影响中下游用户。各国政府、企业相继对此做出应对。国家层面，美国政府率先出台相关政策与举措。2022 年 9～11 月，美国政府持久安全框架小组的公私合作计划联合推出了《软件供应链安全推荐指南》[②]。该系列指南分别针对开发人员、供应商和用户，给出了一系列涵盖安全准则、威胁场景、缓解措施的指导。2022 年 9 月 14 日，美国政府管理和预算办公室(Office of Management and Budget, OMB)发布备忘录[③]，要求联邦机构必须要求软件开发商遵守 NIST 指南，为此，CISA 与 OMB 合作建立了适合多机构使用的通用自证模板，该自证模板内容包括 OMB 确定的 NIST800-218 最低要求、开发商名称、产品描述以及遵循 NIST 指南的声明。随

① 数据来源：NIST. https://www.nist.gov/itl/executive-order-14028-improving-nations-cybersecurity/software-security-supply-chains-additional

② 数据来源：美国政府发布《软件供应链安全推荐指南》.https://mp.weixin.qq.com/s/y3n3PEfQsZtpWkYPc-wKCQ

③ 数据来源：美国政府发布 M-22-18 备忘录. https://www.secrss.com/articles/47195

后，各国也纷纷推出了相应的政策与措施。2023 年 2 月
8 日，加拿大政府发布了题为《保护组织免受软件供应
链威胁》①的网络安全指南。该指南建议用户遵循软件安
全最佳实践以避免遭受软件供应链攻击，此外该指南还
提供了一系列安全评估标准。企业层面，为了更好地管
理软件供应链中来自上游供应商的风险，各企业积极推
进相关技术的研发。微软、英特尔、西门子等众多公司
已经开始使用软件包数据交换(Software Package Data
Exchange, SPDX)规范生成有助于厘清软件依赖关系的软
件物料清单(Software Bill of Materials, SBOM)文件，以确
保在全球软件供应链中实现合规和安全开发。2022 年 7
月，微软开发了 Salus 工具以供用户生成 SBOM 文件。
此外微软推出微软供应链中心平台②，整合企业数据资
产，建设供应链指挥中心，以增强软件供应链透明度。
2023 年 2 月 2 日，OX Security 推出开放软件供应链攻击
参考框架(OSC&R)，以帮助企业更好地理解和判断软件
供应链的网链风险③。

1.3.3　网络安全互操作作为安全协同底座受到广泛关注

　　网络安全互操作旨在打通同类及不同类安全能力间协
同通道，以输出"1+1>2"的安全合力，顺应安全降本增

---

① 数据来源：加拿大政府 ITSM.10.071 出版物. https://www.cyber.gc.ca/
en/guidance/protecting-your-organization-software-supply-chain-threats-itsm10071
② 数据来源：微软. https://devblogs.microsoft.com/engineering-at-microsoft/
microsoft-open-sources-software-bill-of-materials-sbom-generation-tool/
③ 数据来源：首个软件供应链 "ATT&CK" 框架：OSC&R. https://www.
secrss.com/articles/51512

效诉求及安全技术自身演进的双重需求，逐步成为网络安全发展的必然趋势。

一方面，网络安全供需双方需要安全能力深度协同以实现安全降本增效。随着全球数字化转型加速，垂直行业业务从封闭环境转向开放网络环境，对网络安全的诉求日益高涨。据 2020 年 Gartner 调研结果显示，78%企业内部部署了 16 种安全产品，甚至有 12%企业部署了超过 46 种安全产品。但由于安全产品在设计之初通常针对单一特定安全目标，与其他产品间的互操作需求不大，在面对DDoS、APT 等体系化高级别网络攻击时通常需要半自动化联动防护、检测、分析、处置等不同类别安全产品，面临响应操作难度大、成本高、易失误、效率低等客观问题，亟须打通安全产品间互操作通道以提高安全效能。以海量 IP 处置场景为例，在未实现安全产品间互操作的情况下，需人工在威胁情报、网络流量分析、端点检测与响应等安全产品间进行交互切换，即使处理少量告警也需耗时 20 分钟甚至更长，而采用以安全自动化编排响应为代表的安全协同类产品处置同样的告警则仅需 10~30 秒，安全效能大幅度提高。

另一方面，网络安全技术演进呈现出异构安全能力跨环节协同趋势。近年来，以 SOAR(Security Orchestration Automation and Response)[①]、XDR(Extended Detection and Response) [②] 、 SIEM(Security Information and Event

---

① SOAR: 安全编排自动化与响应
② XDR: 扩展检测和响应

Management)[①]、SASE[②]、CSMA(Cyber Security Mesh Architecture)[③]等为代表的新兴安全技术兴起，代表着安全自身技术演进从侧重识别、防护、检测、响应、恢复单一环节的技术突破，逐步转向突破跨环节的互操作联动。以2019～2022年Gartner年度安全和风险发展趋势变化为例，2019年趋势所提SOAR技术实现情报与响应平台间的编排协同；2020年趋势新增的XDR技术在SOAR的基础上，进一步调度了流量分析、检测响应、安全管理等更多环节类型的安全能力。据思科统计，XDR可将威胁驻留时间降低72%；2021～2022年趋势中新增网络安全网格CSMA，在SOAR、XDR的基础之上，进一步对识别、防护、检测、响应、恢复全环节的成熟安全能力进行集中化编排决策和分布式策略实施，为网络资产提供高效聚合的安全保护能力。据Gartner预测，到2024年全球采用CSMA企业能将网络攻击事件的损失平均减少90%。可见，安全技术演进过程中安全能力间协同程度更深、环节更多，以实现威胁应对效率和效果提升。

当前，国际上在系统模型、基础元素、互操作等维度已全方位启动安全互操作标准化进程。在系统模型方面，2014年，美国国土安全部、美国国家安全局等联合发布集成式自适应网络防御框架(Integrated Adaptive Cyber Defense, IACD)，基于观察-调整-决策-行动循环，定义了传感器执行接口、理解分析框架、决策引擎、响应行动控

---

① SIEM: 安全信息和事件管理
② SASE: 安全访问服务边缘
③ CSMA: 网络安全网格

制器等架构和组件，实现采集、分析、决策、执行、恢复、信息共享的全自动化，提高响应处理效率。在安全能力规范方面，近年来，ITU-T、IETF 等全球标准化机构已启动对安全能力的标准化研究。ITU-T 安全研究组 SG17 于 2022 年 5 月开展《X.secadef：安全能力定义》标准研制，旨在定义一套通用的安全能力，应用在信息系统、网络、应用程序等生命周期各个阶段。IETF 于 2014 年成立 I2NSF (Interface to Network Security Function)工作组，目标是通过定义网络安全功能之间的互操作接口规范、数据格式等安全规则，对网络中各类流量进行监视和控制，并且支持标准化的接口对安全功能实现不同管理域的流量级别的监视，目前已形成三个 RFC(Request for Comments)，十余个工作组草案。在操作语义规范方面，2017 年，美国国家安全局牵头完成网络防御互操作规范 OpenC2，通过解耦的方式，以标准化的语言实现各类不同安全产品和功能相互通信，屏蔽安全产品生产厂商、编程语言的差异性。在接口规范方面，可信自动情报信息交换标准 TAXII 定义了如何通过服务和信息交换共享网络威胁信息，得到了美国国防部、国家安全局等主要安全行业机构及 IBM、思科、戴尔及大型金融机构的支持，在威胁信息共享领域具有成熟且广泛的应用[19]。

1.3.4　网络安全知识产权和国际标准加速布局

一是网络和信息安全领域的专利数量和技术创新持续增长。全球众多机构和企业在网络和信息安全技术方面提出了新的专利申请，涵盖了各种安全防御、加密算法、网络攻击检测和防御等方面。美国在网络安全专利申请方面处于领先地位，法国软件公司 IS Decisions 公布的数据显示，自 2000 年以来，美国以近一半(45%)的网络安全专利申请领先于所有其他国家[①]。2022 年以来，全球网络安全领域新增的发明和创新聚焦于机器学习/人工智能的深度应用、云环境工业互联网及物联网基础设施安全、安全信息和事件管理、网络安全威胁和恶意软件检测方法等。此外，网络安全知识产权合作和交流广泛开展。全球范围内的机构和组织积极开展网络空间安全知识产权的合作和交流。国际合作、技术交流和培训活动促进了知识产权的保护和共享。

二是国际网络安全标准加快制修订。ITU-T SG17 作为 ITU-T 中负责协调所有 ITU-T 研究小组的安全相关工作、与其他标准开发组织和各种 ICT 行业联盟合作的研究组，持续锚定 ICT 新技术安全以及安全新技术标准化需求，推动 SG17 架构调整及网络安全标准研制。当前，ITU-T SG17 处于 2022～2024 年研究阶段，其下共设有 12 个问题，分别负责安全标准战略和协调、安全架构、电信信息安全、反垃圾信息、车联网安全、云计算和大数据安全、身份管理、区块链安全、量子计算及其他新兴技术安全等领域的标准化工作。在该研究阶段，一方面，SG17 持续推动对 5G、数字孪生等新兴技术安全的研究，如立项 5G 安全、《X.sg-dtn：数字孪生安全指南》等标准；另一方面，SG17 加快对零信任、SOAR、安全暴露

---

① 数据来源：IS Decisions. Exploring the evolving landscape of cybersecurity patents and innovations. 2023. https://www.isdecisions.com/blog/it-security/cybersecurity-innovations-patent-landscape/

面管理、安全原子能力等安全技术的标准化推进，如2022～2023年新立项了通用基础类安全标准《X.secadef：安全能力定义》及《X.asm-cc：云计算攻击面管理》等安全技术标准，并推进《TR.zt-acp：电信网络零信任访问控制平台指南》《X.soar-cc：云计算下安全编排自动化响应架构》等在研标准研制。此外，ITU-T SG17已启动对下一研究阶段2025～2028年的重点标准化方向及架构调整的准备工作。2022年9月，SG17成立通信组 CG-SG17-WTSA24-prep(Correspondence Group on SG17 WTSA24 preparation)，组织 SG17 专家讨论未来 SG17 标准化重点话题及架构调整。2023年6月，CG-SG17-WTSA24-prep 将元宇宙安全、6G 安全，供应链安全、DevSecOps 等内生类安全、零信任等未来安全架构、SOAR 等安全自动化、AI 数据安全保护、基于密码算法的数据保护、数据脱敏、智能实体安全、数字孪生安全、终端安全、平台安全、仿真安全、基于分布式账本的身份管理等列为 SG17 下一研究阶段可选的热门方向。

为了适应新的网络安全演进趋势，国际标准化组织(ISO)推动信息安全管理体系、ICT 技术安全要求等不同类别多项网络安全相关标准的修订。在总体安全管理方面，2022年2月，ISO 发布了修订标准 ISO/IEC 27002:2022 "Information Security, Cybersecurity and Privacy Protection: Information Security Controls"(信息安全、网络安全和隐私保护 信息安全控制)，在 ISO/IEC 27002:2013 基础上重构总体框架、新增控制措施属性并调整了安全控制项，将取代 ISO/IEC 27002:2013，为组织制定和实施信息安全控制措施提供指南。同年 10 月，ISO 发布了 ISO/IEC 27001:2022 "Information Security, Cybersecurity and Privacy Protection: Information Security Management Systems: Requirements"(信息安全、网络安全和隐私保护信息安全管理体系 要求)，作为信息安全管理体系认证依据，其在 ISO/IEC 27001:2013 基础上主要更新了附录 A，以与 ISO/IEC 27002:2022 更新内容保持同步。在 ICT 技术安全方面，2021 年，ISO 对 ISO/IEC 27017:2015《云环境下的信息安全控制》启动修订，该标准提供了与云环境相关控制措施实施指引以及针对云服务安全控制措施，至 2023 年 3 月已完成第一轮工作草案修订意见反馈。

三是后量子密码算法标准化和迁移工作进程加速。为了应对量子计算对网络安全带来的危机，全球加速推动后量子密码算法标准化。在标准化方面，2016 年 4 月，美国 NIST 在全球范围启动后量子加密算法(Post Quantum Cryptography, PQC)征集活动和标准研制计划。2017 年 12 月，NIST 第一轮密码候选共收到全球 82 个候选密码方案。2019 年 1 月，NIST 发布第二轮候选结果，包括 17 个公钥加密、密钥交换算法和 9 个数字签名算法共 26 个密码算法。2022 年 7 月，经过全球三轮征集，NIST 发布 4 项候选算法进行标准化，包括基于格的 CRYSTALS-KYBER、CRYSTALS-Dilithium、FALCON 算法和基于哈希的 SPHINCS+算法，其中，CRYSTALS-KYBER 是公钥算法，其余是数字签名算法。2023 年 7 月，NIST 发布第四轮数字签名候选算法，共 40 个算法进入评估过程[①]。NIST 主导的 PQC 密码算法标准迅速收敛，预计将于 2024 年完成 PQC 算法的标准化。在密码算法迁移方面，美国、欧盟等在 2023 年发布指导文件加速对后量子密码算法迁移准备，例如，CISA、NSA 和 NIST 联合发布《量子就绪：向后量子密码学的迁移》报告[②]，欧洲政策中心发布了《欧洲量子网络安全议程》[③]等，其中举措包括：一是制定量子就绪路线图，鼓励各机构首先成立专门的项目组并开展量子安全风险评估，识别当前机构依赖量子脆弱密码的系统和资产情况。二是通过风险评估，识别密码脆弱性的技术清单和需要进行保护的敏感和关键数据集，明确敏感数据和获取关键数据集的协议和信息系统，并重点对关键基础设施中的量子脆弱密码进行识别。三是推动做好供应链 PQC 迁移准备。优先关注工业控制系统等高安全需求系统，对定制化的技术和产品进行 PQC 迁移或者安全升级，使其在旧的 IT 和 OT 系统中具备抗量子攻击能力。总体而言，欧美各国不断提升各机构对量子安全的重视，加速对 PQC 迁移各项工作储备，以期在 2024 年 PQC 标准发布后迅速实现 PQC 应用，应对量子计算带来的安全威胁。

---

① 数据来源：NIST announces additional digital signature candidates for the PQC standardization process. https://csrc.nist.gov/News/2023/additional-pqc-digital-signature-candidates

② 数据来源：Quantum-readiness: migration to post-quantum cryptography. https://www.cisa.gov/resources-tools/resources/quantum-readiness-migration-post-quantum-cryptography

③ 数据来源：A quantum cybersecurity agenda for Europe. https://www.epc.eu/en/publications/A-quantum-cybersecurity-agenda-for-Europe~526b9c

1.4 新威胁驱动全球数据安全实践加速落地

1.4.1 全球数据安全形势愈发严峻

一是全球数据安全事件影响日趋严峻。数据规模化流通应用，数据类型持续变化，场景不断扩展，深度融入经济社会各领域，数据资产暴露面显著增加，风险敞口不断扩大，数据跨组织、跨行业、跨地域流通频繁，主体日趋多样，数据滥用、泄露等安全事件层出不穷，数据攻击手段复杂。除了针对广泛应用的 API 接口攻击，数据擦除、供应链攻击等新型手段层出不穷，带来的影响持续扩大。受疫情影响形成的"数字为先"的经营模式仍在持续，数据泄露已成为企业最担心的问题之一[20]。2022 年6 月，全球最大的非同质化代币(Non Fungible Token, NFT)平台 OpenSea 宣布，其电子邮件递送供应商员工违规下载用户电子邮件信息，并与未经授权的外部方共享邮件地址。2022 年 10 月，微软被曝因其 AzureBlob 存储配置出现错误，导致 2.4TB 客户敏感数据被泄露，全球约 6.5 万家公司受到影响。同时，数据泄露造成的损失成本居高不下。据 IBM《2022 年数据泄露成本报告》统计[21]，2022年数据泄露的平均总成本创下 435 万美元的历史新高，比2021 年增长了 2.6%，多次发生数据泄露的组织所占比例高达 83%。

二是数据安全风险复杂交织持续演进。新技术发展模糊安全风险虚实边界，人工智能、5G、量子信息、元宇宙等技术催生大量新业态、新场景、新模式，数据安全风险从虚拟世界向实体世界转化渗透风险增加。技术创新应用也导致风险未知化、多样化，比如个人隐私泄露、深度伪造、有害信息内容对主流意识形态的冲击、算法歧视和以虚拟货币挖矿为代表的金融风险。云环境下的数据安全风险更为复杂，传统企业内部防御范围已被第三方云服务商(Cloud Service Provider, CSP)提供的处理架构所取代，导致数据在一个或多个 CSP 架构中存储、访问和处理，跨越不同地理位置，引发跨地区的合规风险，加上不断增长的安全威胁和意外的数据泄露，云场景下的安全风险更为严峻。数据库、分析渠道和业务工作流的云迁移持续加速，伴随数据跨越结构化和非结构化格式，数据的脉络也在不断变化。全局的数据识别和一致性的数据安全控制手段部署变得尤为困难。例如，元宇宙[22]的兴起或将引发有关数据安全以及隐私保护方面的现实困境，即如何在高度开放[23]和去中心化的体系中建立统一和动态的数据安全综合治理体系。2022 年 6 月，美国联邦调查局互联网犯罪投诉中心警告称[24]，越来越多的投诉聚焦于利用深度伪造和窃取的个人身份信息申请各种远程工作和在家工作的职位。值得注意的是，一些报告的职位包括访问客户个人身份信息(Personally Identifiable Information, PII)、财务数据、公司 IT 数据库和专有信息。

三是针对重要数据安全威胁的显性化。以重要数据和核心数据为标靶的勒索、窃取等攻击显著增加，数据安全与国家安全发生直接关联。俄乌冲突[25]中的数据擦除、数据窃取，导致电信基础设施中断服务、广播设备瘫痪、军事网络设施受到严重干扰。2022 年 4 月 13 日，据"焦点访谈"报道，我国国家安全机关破获了一起为境外刺探、非法提供高铁数据的重要案件，该案是我国实施《中华人民共和国数据安全法》以来，第一起涉案数据被认定为情报的案件，也是一起高铁运营安全危害国家安全的案件。境外公司以铁路网络调研为借口，委托上海某信息科技公司采集我国铁路信号数据和轨道使用的频谱数据，并传输至境外。经国家安全机关调查，这家境外公司与某西方国家间谍情报机关、国防军事单位等多个政府部门有着长期合作。

1.4.2　全球数据安全治理进入战略发展高速期

一是推动数据安全治理战略布局。当前，数据安全越发成为各国关注重点，从战略规划层面，不断强化治理布局。2022 年 10 月，美国白宫发布《2022 年国家安全战略》，面向当前全球挑战背景，阐述拜登政府如何促进美国关键利益，超越地缘政治竞争对手，深化利益伙伴应对共同挑战，维护国际秩序及美国全球领导地位的内容。战略中对美国国家安全问题以及政府的战略计划进行了描述。在技术方面特别强调要联合同盟伙伴推动建立国际技术生态系统，促进数据自由流动，同时保障安全、隐私和人权，加强在隐私、数据共享和数字化方面的合作贸易。美国将通过加强出口管制等手段确保其与盟国的技术及数据安全。2022 年 2 月 23 日，欧盟委员会发布《数据法案》草案，该法案聚焦数据开放利用，并将确保数字环境的公平性，刺激数据市场竞争，打通数据获取渠道，激发数据驱动的创新潜力。该法案在《欧洲数据战略》的指引下，促进健康数据、移动数据、环境数据、公共数据等有效流通和使用，加强欧盟内部数据贡献机制。法案同时规定了相关方的权利与义务，将与《一般数据保护条例》等相关法规形成衔接与补充，促进并规范数据的共享流通。同年 5 月 16 日，欧盟理事会批准通过《数据治理法案》，增强公民对数据共享的信任，建立以数据保护为前提，最大程度实现数据共享流通的法律框架体系。

二是加强规则布局及指南指引。全球数据安全治理从战略规划逐步落地，各国加紧构建自上而下的治理规则体系，为数据安全保护提供系统性支撑。2022 年，欧洲数据保护委员会(EDPB)陆续发布[26]《关于将认证作为数据传输工具的指南》《关于第 3 条的适用与 GDPR 第五章规定的国际转让之间相互作用的指南》《社交媒体平台界面中的欺骗性设计模式：如何识别和避免它们》《GDPR 下个人数据泄露通知指南》等一系列指引文件，在数据跨境、数据共享、隐私保护等方面加强对企业的合规指引。2022 年 9 月 19 日，EDPB 宣布其通过了德国北威州数据保护监管机构提交的关于 EuroPriSe 认证计划的意见[27]，以认证数据处理者的处理活动。同月，法国国家信息与自由委员会发布《应用程序接口(API)技术建议草案》[28]，该建议旨在为通过 API 共享个人数据的所有类型的组织提供服务，后续将发布最终建议，并创建相应工具，使相关组织能够应用 API 最佳实践。

三是提升安全技术与工具供给。随着数据安全监管要求的逐步细化，各国加强数据安全技术与工具供给，为数据安全监管要求落地和数据安全能力提升提供技术及工具保障。2022 年 5 月，美国众议院通过《促进数字隐私技术法案》，将隐私增强等数据安全技术应用提升到战略高度，支持隐私增强技术研究和促进数据使用的拟议法案，法案聚焦技术基础研究及适用性研究，增强相关政府机构在提高隐私技术方面的协同合作，促进标准化工作和最佳实践。同年 10 月，日本个人信息保护委员会为私营实体发布了一套数据映射工具包[29]，旨在应对数字化发展背景下各机构对于大量数据进行适当管理的需求，将业务处理的数据组织为一个整体，并将处理情况可视化。该数据映射工具包包含了一个映射工具包文件和三个附件，工具包内包含数据映射的意义、映射表项目、映射表确认与更新三大部分，三个附件分别为数据映射表的项目示例、向国外第三方提供个人数据的检查表、在国外处理个人数据的检查表。

1.4.3　数据安全技术发展和实践应用快速推进

一是数据安全新兴技术不断涌现发展。随着信息技术的不断演进和数字产业化的促进带动，数据安全技术进入快速发展期，技术体系不断完善。近几年的 RSA①大会上，数据安全在十大热议话题、创意沙盒十强中的占比和热度逐年提高[30]。从 Gartner 发布的数据安全技术成熟度曲线研究报告来看，2017~2021 年，新兴数据安全技术呈现逐年递增的趋势，2022 年速度放缓。新增技术最多的年份为 2020 年，处于萌芽期的新技术增加了 6 项，其中安全多方计算、同态加密、差分隐私等隐私增强计算技

---

① RSA 大会是信息安全界最有影响力的业界盛会之一。它于 1991 年由 RSA 公司发起，得到了业界的广泛支持。

术近两年发展势头强劲，安全多方计算已经从萌芽期发展到了泡沫破裂低谷期，同态加密、差分隐私技术尚处于萌芽期[31,32]。2022 年新增的萌芽技术为数据安全态势感知，该技术基于数据流进行分析，以提升敏感数据的可见性，包括数据分布、使用、存储或应用的安全状态，通过补充数据安全控制实现数据安全状态的评估，以降低业务风险。数据安全态势感知技术为数据风险评估提供基础，以评估数据安全治理政策的实施，具体情况如图 1.2 所示。

　　二是基于云场景和混合 IT 架构的安全技术迅速发展。基于云场景和混合 IT 架构的技术趋势，引发大量业务风险与挑战。面向云场景的数据安全技术取得较快发展。例如，云访问安全代理、多云数据库监控、多云数据资产管理、多云密钥管理、云数据保护网关等。其中，根据 Gartner 数据安全技术成熟度曲线显示，云本地提供商数据丢失保护技术在初次涌现后，在短短四年内迅速发展，继 2021 年爬升至膨胀期后，已于 2022 年进入泡沫破裂低谷期[32]。

　　三是全球隐私计算技术发展和应用实践不断探索。从国际层面来看，基于隐私保护的合规要求驱动，国外企业积极探索隐私保护能力，布局较早，技术研究投入多，开源生态好。基于硬件的隐私计算技术相对成熟，目前市面上相关技术的落地大多都是基于 Intel SGX、ARM Truest Zone[33]。在基于软件的隐私计算技术方面，谷歌率先提出了联邦学习技术；ABY、ABY3、SPDZ 等多方安全计算开源框架为隐私计算商业应用提供了底层协议。整体来看，国外在隐私计算方面起步较早，开源项目影

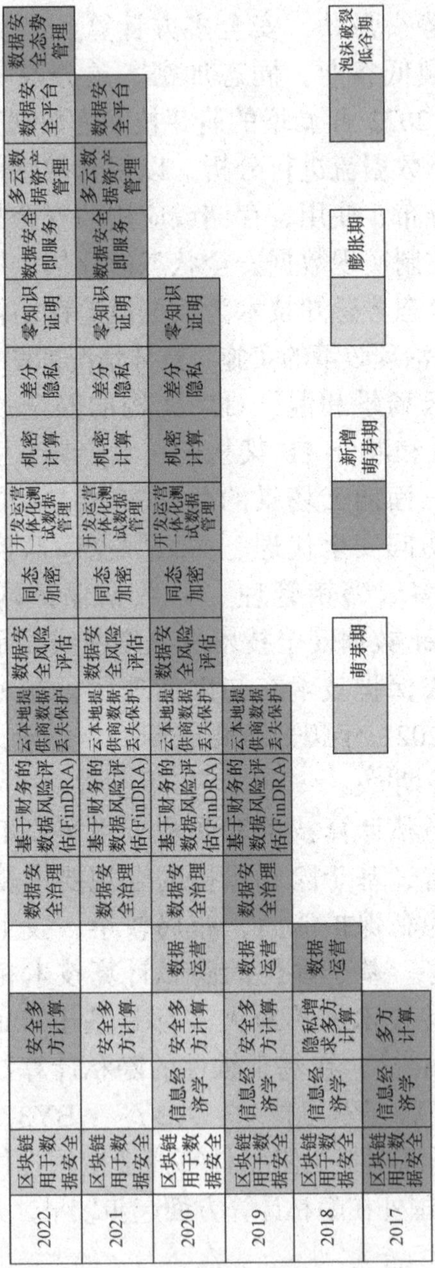

	区块链用于数据安全	信息经济学	多方计算	数据运营	数据安全治理	基于财务的数据风险评估(FinDRA)	云本地数据供商数据评估关失保护	数据安全风险评估	同态加密	开发运营一体化测试数据管理	机密计算	差分隐私	零知识证明	数据安全即服务	多云数据资产管理	数据安全平台	数据安全态势管理
2022	区块链用于数据安全		安全多方计算		数据安全治理	基于财务的数据风险评估(FinDRA)	云本地数据供商数据评估关失保护	数据安全风险评估	同态加密	开发运营一体化测试数据管理	机密计算	差分隐私	零知识证明	数据安全即服务	多云数据资产管理	数据安全平台	数据安全态势管理
2021	区块链用于数据安全		安全多方计算		数据安全治理	基于财务的数据风险评估(FinDRA)	云本地数据供商数据评估关失保护	数据安全风险评估	同态加密	开发运营一体化测试数据管理	机密计算	差分隐私	零知识证明	数据安全即服务	多云数据资产管理	数据安全平台	
2020	区块链用于数据安全	信息经济学	安全多方计算	数据运营	数据安全治理	基于财务的数据风险评估(FinDRA)	云本地数据供商数据评估关失保护	数据安全风险评估	同态加密	开发运营一体化测试数据管理	机密计算	差分隐私	零知识证明				
2019	区块链用于数据安全	信息经济学	安全多方计算	数据运营	数据安全治理	基于财务的数据风险评估(FinDRA)	云本地数据供商数据评估关失保护	数据安全风险评估									
2018	区块链用于数据安全	信息经济学	隐私增强多方计算	数据运营													
2017	区块链用于数据安全	信息经济学	多方计算														

图例：萌芽期　新晋萌芽期　膨胀期　泡沫破裂低谷期

图1.2　2017～2022年Gartner萌芽期技术对比分析图

响力较大，且在硬件上较国内占据优势[34]。近期，谷歌、苹果、亚马逊等科技巨头纷纷探索隐私计算实践应用，涉及数字广告、输入法、云上数据安全等应用场景和领域。

1.5　新实践助推网络安全产业快速发展

随着各国数字化进程走深向实，产业数字化、数字产业化、数据价值化等领域安全问题引发广泛关注，网络安全新技术不断成熟，推动安全实践和规模化应用，为全球网络安全市场繁荣发展创造机遇。

1.5.1　全球网络安全市场规模进一步扩张

全球网络安全市场正在复苏回暖，2022 年市场规模为 1647.3 亿美元。此后，各类因新冠疫情搁置的网络安全项目重新启动，远程和混合办公模式的增加以及数据泄露事件的激增驱动网络安全市场扩张，具体情况如图 1.3 所示①。与此同时，未来网络安全市场发展可能面临更大的不确定性，地缘政治、通货膨胀、人才短缺等宏观经济层面因素可能会对全球网络安全市场带来影响[35]。

从地区分布来看，北美、西欧和亚太地区近年来始终保持三足鼎立格局，2022 年市场份额分别为 826.0 亿、386.0 亿、330.9 亿美元，构成了全球网络安全最主要的市场区域，三大地区合计市场份额占全球的 93.6%。地区市

---

① 数据来源：本节市场规模、地区分布数据均来自 Gartner 于 2023 年 8 月发布的报告 "Forecast：Information Security and Risk Management, Worldwide, 2021-2027,2Q23 Update"

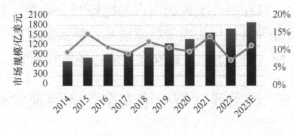

图 1.3　2014～2022 年全球网络安全市场规模及增速

场增长情况差异较大，其中，北美地区的增速超过 17%，显著高于全球平均水平，市场发展更具活力，具体情况如图 1.4 所示。

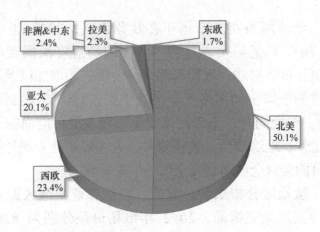

图 1.4　2022 年全球网络安全市场区域分布情况

1.5.2　热门技术产品推动网络安全市场渐进式变革

网络安全市场构成正在发生渐进式调整。2019 年，网络安全产品的市场占比首次高于服务市场，并于此后逐年递增。2022 年，网络安全产品市场规模占比已超过55%，产品和服务两类市场比例接近六四格局[①]，具体情况如图 1.5 所示。

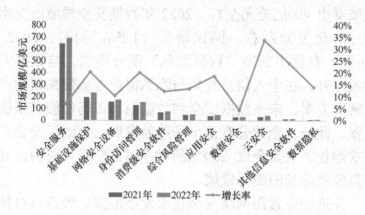

图 1.5　2022 年全球网络安全产品构成情况

在产品市场方面，2022 年，全球网络安全产品市场规模达到 913.3 亿美元，同比增长约 16.6%，其中，基础设施保护、检测与访问控制、身份管理三类产品市场份额占比最高，三类产品的市场份额占比分别为 26.4%、20.7%、15.3%。在服务市场方面，2022 年，全球网络安全服务市场规模为 733.9 亿美元，同比增长仅为3.9%，增长率较产品市场低约 13 个百分点，服务主要包括安全咨询、安全外包及托管、安全实施和硬件支持四大类。

数据安全、云安全等热点领域具备较高的增长潜力。

---

① 数据来源：本节产品服务规模数据均来自 Gartner 于 2022 年 6 月发布的报告 "Forecast：Information Security and Risk Management,Worldwide,2020-2026, 2Q22 Update"

近年来，数据安全问题已成为全球各国的关注重点，根据Gartner 统计全球 2021～2023 年各细分市场信息安全与风险管理终端用户支出数据显示[36]，2023 年全球数据安全领域支出 40 亿美元左右，2022 年数据安全领域的支出则为 35 亿美元左右，同比增长 14.2%。同时，2022 年Gartner 数据中新增"数据隐私"细分类别，与数据安全形成互补，在个人信息收集与隐私保护方面带来新的产品与解决方案，未来数据安全和数据隐私市场份额有望快速扩张。此外，全球公有云市场蓬勃发展，带动云安全产品需求增长，云安全以 26.8%的增速迅速扩张，成为近几年极具发展前景的细分领域。

先进企业紧跟网络安全技术发展浪潮，锻造自身技术产品优势。近年来，网络安全威胁态势愈发严峻，互联网流量激增，政企上云率显著提升，亟须全面的网络安全防护。终端安全、云安全、身份管理等领域迎来广阔市场机遇，以 CrowdStrike、Okta、Zscaler 等为代表的网络安全企业持续锻造自身技术产品优势，在愈发激烈的市场竞争中脱颖而出，营收增速领先于同类企业，其中 CrowdStrike公司在 2023 年营收达到 22.4 亿美元，增长率达到 54%。

从当前领军企业的发展战略路径来看，打造围绕核心产品的生态系统、建立广泛的合作伙伴关系、追踪整合新型安全能力等成为提升企业核心竞争力的关键所在。

一是推进平台生态系统建设，提供统一安全能力。例如，CrowdStrike 核心产品 Falcon 平台具有强大的模块化和可扩展性能，集成了终端安全、安全运营、威胁情报等多样化安全能力，并且仍在持续扩充。2022 年以来，

CrowdStrike 陆续将 Falcon XDR 模块和 Falcon 身份威胁保护模块集成整合至 Falcon 平台，其中，Falcon XDR 模块扩大了 CrowdStrike 在端点检测和响应能力方面的领导地位。Falcon 身份威胁保护模块将身份威胁预防和 IT 策略实施与专家管理、监控和补救相结合，从而进一步扩展平台托管服务能力。

二是构建跨行业的合作伙伴关系，提高协同创新能力。例如，在云安全方面，Zscaler 发布基于自身平台和 Amazon 云平台的创新，包括云原生应用保护平台(Cloud Native Application Protection Platform, CNAPP)和云原生工作负载保护，以帮助企业安全地加速向云过渡。通过合作，两家公司将为客户提供统一的解决方案，以整合和简化云安全运营，同时帮助组织将其安全架构从无效的遗留模型推进到专为云设计的现代零信任方法。此外，在物联网安全方面，Zscaler 和西门子合作提供零信任一体化解决方案，以加速生产运营环境的安全数字化，新的解决方案使用户能够安全地访问、管理和控制生产运营相关的基础设施及其应用程序。

三是通过投资、并购先进初创企业等形式，提升安全技术覆盖度和竞争力。例如，CrowdStrike 与 Accel 合作成立 Falcon 基金，截至 2022 年 9 月，该基金已投资包括 Salt Security、Cybersixgill 等在内的 10 家网络安全创新企业，帮助 CrowdStrike 洞察新兴赛道的发展趋势。Okta 在 2021 年收购了早期工作运营平台 atSpoke，服务于其推出的身份治理和管理产品。Cloudflare 于 2022 年先后收购邮件安全服务商 Area 1 Security 和云访问安全代理厂商

Vectrix，未来两家被收购企业的能力都将被整合至 Cloudflare 既有的零信任(Zero Trust)安全平台，有望为用户带来更加完整高效的安全服务。

1.5.3 云安全、身份管理等技术成为资本追逐热点

2022 年，在经济增速放缓和逆全球化趋势增强的背景下，较 2021 年全球网络安全融资并购受到一定程度的冲击，融资金额有所下降。2022 年，全球网络安全融资活动为 1037 件，与 2021 年基本持平。2022 年融资金额有所回落，达到 185 亿美元[①]，相比 2021 年下降约 37%。全球网络安全融资主要集中在早期和后期阶段，早期融资事件数占比 52%，C 轮及之后的融资事件数占比 24%。与 2021 年相比，C 轮及之后的融资事件下降 15.7%，对应的融资金额几乎下降了一半，从 215 亿美元下降为 106 亿美元。云安全、身份管理等热门赛道内具备清晰商业模式和较强技术实力的独角兽企业正在迅速吸引资本关注，例如，云安全领域的 Lacework 和 Orca Security，以及身份管理与访问控制领域的 Trulioo 和 Transmit Security 的单笔融资均超 3 亿美元。

从热门融资领域来看，风险管理与合规、数据安全、身份管理与访问控制等是历年来融资事件数较高的重点领域，对应的融资事件数占比均超过 10%。此外，身份管理与访问控制、风险管理与合规和安全运营/应急响应/威胁情报领域的融资金额位居前三，2022 年对应的融资金额

---

① 数据来源：本节投融资及并购数据均来自 Momentum Cyber 于 2023 年 2 月发布的报告 "Cybersecurity Almanac 2023"

分别约为 31.9 亿美元、29.4 亿美元和 21.1 亿美元。与 2021 年相比，随着技术演进和市场需求的动态变化，多个细分领域发生细微调整，身份管理与访问控制超过网络与基础设施安全，融资活动数量排名第三。风险管理与合规领域的融资数量占比从 16%上升至 18%；网络与基础设施安全领域的融资数量占比从 10%下降至 8.6%；安全运营/应急响应/威胁情报相关融资数量占比从 9%下降至 7%，具体情况如图 1.6 所示。

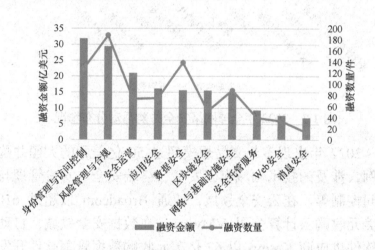

图 1.6　2022 年全球网络安全融资事件分布情况

2022 年网络安全并购相比 2021 年有所回温。Momentum Cyber 数据显示，2022 年全球共完成了 263 起并购活动，同比下降 8%；并购交易金额达到 1198 亿美元，同比增长 54.6%。从并购的技术领域来看，安全托管服务是 2022 年最为热门的并购领域，并购活动占比为 17.5%。与 2021 年相比，身份管理与访问控制、风险管理与合规、云安全、应用安全的并购活动占比显著上升，与此同时，安全咨询与服务、网络与基础设施安全领域的并购活动占比下降，具体情况如图 1.7 所示。

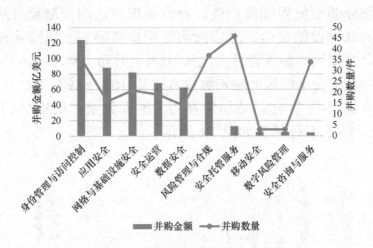

图 1.7　2022 年全球网络安全并购活动分布情况

2022 年出现多起交易规模超过 50 亿美元的大额并购案例，涉及的技术领域有云安全、终端安全、身份管理与访问控制等。在云安全领域，博通 Broadcom 以超过 610 亿美元收购云计算公司 VMware；在数据安全领域，自动化软件供应商 Kaseya 以 62 亿美元收购数据管理软件开发商 datto 公司；在身份管理与访问控制领域，美国私人股本集团 Thoma Bravo 以 69 亿美元收购网络安全公司 SailPoint Technologies。频繁的大额并购预示着网络安全市场进入新一轮洗牌与变革期。

1.5.4　网络安全科学研究、产业创新等取得新的进展

一是全球各大厂商、大学和研究院在网络和信息安全领域取得了一些具有重要意义的成果。围绕量子密钥分

发、抗量子加密等先进技术完成产品方案验证和落地。2023 年 10 月，通信网络技术公司 Adtran 和电信运营商 Orange 合作完成量子密钥分发(Quantum Key Distribution, QKD)试验，在推动量子密钥进入广泛商业部署以抵御量子计算机攻击威胁方面迈出关键一步。2023 年 6 月，集成量子计算公司 Quantinuum 在加密密钥生成方面实现创新突破，通过量子计算达到密钥生成强度最大化，可极大降低密钥攻击风险。此外，以谷歌和 IBM 为代表的科技巨头快速推进量子网络安全研发，2023 年 8 月，谷歌在 Chrome 浏览器中，采用结合了椭圆曲线算法 X25519 与抗量子密钥封装方法 Kyber-768 的新机制，从而保障数据传输安全。2023 年 5 月，IBM 宣布推出量子安全路线图，通过三个关键步骤实现量子安全加密。利用人工智能、数字孪生等技术促进网络防御能力升级。2023 年 7 月，美国太平洋西北国家实验室研发出基于深度强化学习的新系统，达到了在模拟环境中抵御 95%网络攻击的先进效果。2023 年 4 月，美国国家标准与技术研究院和密歇根大学联合团队，将数字孪生与人工智能等技术结合打造网络安全框架，以精确标记和识别网络攻击指标。推出新的框架方法增强网络安全评估与识别能力。2023 年 7 月，美国麻省理工学院发布评估网络安全方案的新框架，用以对抗侧信道攻击。2023 年 6 月，谷歌基于网络安全模型经验推出安全人工智能框架，帮助降低 AI 滥用及系统风险。

　　二是网络和信息安全方面国际会议议题成果获得广泛关注，这些会议强调解决不断变化威胁的重要性，通过促进讨论、分享知识和提出创新解决方案，为推进网络和信息安全做出贡献。网络安全行业年度盛会 RSA 大会 2023 共组织 500 多场高峰论坛、主题演讲和研讨会，涵盖了安全战略与架构、网络安全技术类、网络安全应用类、商业观点与见解等各方面的热点内容。本次会议获得丰富成果，例如，美国高层官员深入阐释了网络进攻与防御部门信息共享取得的重要成果；网络安全研究与培训机构 SANS 研究院发布 2023 年最危险的五种新兴攻击技术。作为欧洲最大、最全面的网络安全会议之一，Infosecurity Europe 2023 主要围绕恶意使用 ChatGPT 等人工智能工具和基于身份的攻击两个关键领域进行讨论，在 ChatGPT 的恶意使用方面，特别关注 ChatGPT 在创建多态恶意软件中所扮演的角色。在基于身份的攻击方面，网络犯罪分子所使用的方法正在发生变化，特别是他们正在寻找新的方法来绕过特权访问管理和多重身份验证。2023 年黑帽大会(Black Hat)探讨了信息安全领域发现的四个最危险、最火爆的漏洞话题，分别为人工智能漏洞、云平台漏洞、SAP 软件漏洞以及"垮台"(Downfall)漏洞，行业专家针对新出现的网络威胁分享了有效的应对策略。这些会议热点问题及其代表性成果反映了网络和信息安全领域的最新发展趋势和技术进步，对于推动该领域的发展和进步具有重要的意义。

三是全球网络安全领域提出新的重大工程科技问题和研究对策。一方面，网络安全威胁的复杂性和不断演化的特质需要更加全面和系统的应对策略和研究，包括深入研究网络攻击的来源和动机，识别和预测新型网络攻击，以及开发更加先进和灵活的防御技术。此外，随着物联网、5G、人工智能等新技术的快速发展，如何确保这些技术的安全性并预防潜在的安全威胁也成为了亟待解决的问题。另一方面，数据泄露和身份盗窃等事件频繁发生，需要更加严格和高效的数据保护措施和技术。这包括开发更加高级的数据加密和存储技术，以确保数据的机密性和完整性。同时，也需要研究和开发更加先进的身份验证和访问控制技术，以防止未经授权的访问和盗窃。总体来说，全球网络安全领域的新问题和研究对策不断涌现，需要深入研究和创新解决方案来应对各种新挑战。

四是网络信息安全发展催生了新的概念、产业和生态模式。新概念方面，韧性网络(Resilient Networks)理念和方法得到政府、学术界和工程界的高度重视，在网络攻击事件无法完全预测、完全阻止的情况下，网络安全纵深发展的重要一步，是更加侧重事前主动解决网络系统的承受能力、吸收能力和恢复能力，探索使网络能够承受中断并且即使在具有挑战性的情况下也能继续运行的技术和方法。新业态方面，网络安全保险在全球开始出现强劲增长的态势，网络安全保险通过将网络安全产业和金融服务融合创新，衍生出"保险+风险管理+服务"等创新模式，目前，网络安全企业、保险公司、保险科技企业等多方主体共同参与，提供专门定制的保单和服务，以涵盖网络攻击和网络中断造成的损失和损害。

第2章　我国发展现状

近年来，面对不容乐观的网络安全态势，我国坚持统筹发展和安全，完善网络治理体系和手段建设，加速推进网络和数据安全技术产品创新和产业发展，打造攻防兼备的网络与数字安全技术实力，赋能数字技术融合应用和安全实践创新落地，构筑我国数字安全领域新能力、新优势。

2.1　深化治理，网络安全治理体系和手段逐步完善

2.1.1　我国网络安全态势复杂严峻

一是公共互联网安全形势严峻。有关数据显示，2022年恶意邮件攻击、DDoS 攻击、主机受控、APT 等远控风险、网页篡改、网页仿冒和数据泄露等各类网络安全事件累计 4000 余万起。其中，DDoS 攻击事件 50 万余起，200Gbit/s 以上流量攻击次数同比增幅达 130%，钓鱼邮件攻击 4000 余万次，九成以上通过携带恶意附件实施攻击。

二是融合领域网络威胁风险加剧。近年，网络攻击威胁逐渐向工业互联网、车联网等融合领域渗透，其面临的网络安全风险日益凸显。有关数据显示，工业互联网方面，2022 年发现恶意网络行为 7000 余万次，较 2021 年同期增长约 20%，其中僵尸网络感染 2900 余万次，非法外联通信 1400 余万次；车联网方面，2022 年恶意网络行为近 600 万次，较 2021 年同期增长约 88%，其中漏洞利用

行为 300 余万次，挖矿木马感染 80 余万次。

三是典型网络安全威胁形势严峻。据统计，2022 年僵尸网络感染、木马后门感染行为等网络安全威胁活跃。其中僵尸网络方面，2022 年统计发现僵尸网络感染 3000 余万次，较 2021 年同期增长超两倍，主要涉及 Virut、Sality、MooBot 等僵尸网络家族；木马感染方面，2022 年统计发现木马感染 1000 余万次，较 2021 年同期增长超一倍。

四是境外对我网络窃密活动频繁。近年，境外国家和组织利用多种网络攻击武器和工具，持续对我国政府网站、医疗系统、高校和科研机构网络等实施隐蔽性网络攻击，窃取重要军事和民事敏感情报信息。据调查，近年来美国国家安全局下属特定入侵行动办公室对我国网络发起了数万次网络攻击，造成超 140GB 数据泄露。2022 年 6 月，美国对我国西北工业大学持续开展攻击窃密，先后使用漏洞攻击突破类、持久化控制类、嗅探窃密类、隐蔽消痕类等 40 余种专用网络攻击武器，窃取网络设备配置信息、网管和运维等核心技术数据[①]。2023 年 7 月，美国对我国武汉应急管理局监测中心网络攻击，窃取地震速报前端台站采集的地震烈度数据[②③]。

---

① 数据来源：国家计算机病毒应急处理中心. 西北工业大学遭美国 NSA 网络攻击事件调查报告(之一). 2022. https://www.cverc.org.cn/head/zhaiyao/news20220905-NPU.htm

② 数据来源：新华网. 武汉应急管理局监测网络设备遭境外攻击. 2023. http://www.news.cn/local/2023-07-26/c_1129768539.htm

③ 数据来源：新华网. 外交部发言人回应武汉市地震监测中心遭受网络攻击. 2023. http://www.news.cn/world/2023-07-26/c_1129769776.htm

2.1.2　电信网络诈骗综合治理体系更加健全

近年来，电信网络诈骗犯罪数量上升快且持续处于高位，涉及范围广，对社会民生安全带来了重大影响。深入推进防范治理电信网络诈骗工作，事关人民群众切身利益，事关社会大局的稳定，也事关国家经济安全和国家形象。党中央、国务院多次强调要坚决遏制电信网络诈骗犯罪的多发和高发态势。各地区、各部门凝心聚力，守正创新，推动行业反诈工作取得了一系列重大成果，治理能力实现了历史性跃升，连续 17 个月全国诈骗立案数量呈同比下降态势。

一是以法为纲的综合治理体系逐步健全。为有效应对诈骗跨境化、技术化、专业化等新形势、新挑战，更好地预防、遏制和惩治电信网络诈骗犯罪活动，2022 年 9 月 2 日，《中华人民共和国反电信网络诈骗法》通过审议[37]，并于同年 12 月 1 日起正式实施，构筑起电信网络诈骗治理的"四梁八柱"，为我国当前及今后一个时期常态化做好反诈工作提供了更加全面有力的法治保障与规范指引。2022 年 11 月，由全国人大常委会法制工作委员会、公安部、工业和信息化部、中国人民银行联合编写的《〈中华人民共和国反电信网络诈骗法〉释义与适用》一书正式出版发行，为促进反诈法有效落实打下了坚实基础。

二是紧密协同的打击治理成效愈发凸显。防范治理电信网络诈骗是一项系统工程，必须树立"一盘棋"的思想，构建职责清晰、统一联动、运转高效的跨行业、跨部门反诈工作体制机制，形成强大的合力作用，共同提升反诈工作质效。针对"猫池"(可远程操控拨打诈骗电话的插卡集群设备)犯罪高发、发现打击困难等问题,工业和信息化部强力开展"打猫行动",截至2023年5月15日,协助公安机关端掉"猫池"窝点1万余个,缴获设备3.4万个,抓获嫌疑人近3万名,涉"猫池"诈骗犯罪得到有力控制。为大幅度提升公安机关预警劝阻电话接听率,2022年6月,工业和信息化部联合公安部推出"反诈名片"服务,对全国各地公安机关反诈预警劝阻电话进行标记和来电提醒,日均提醒126万次,预警劝阻成效大幅度提升。2022年6月起,最高人民法院、最高人民检察院、公安部等有关部门联合部署开展"拔钉"行动,成功缉捕240名电信网络诈骗犯罪集团重大头目和骨干,并进行严厉惩处。2022年10月,中国警方联合柬埔寨警方开展电信网络诈骗打击,成功抓捕9名幕后诈骗组织成员,查明上亿元非法资金,"拔钉"行动获得重大进展[38]。

三是防治结合的技术反制能力全面提升。防范治理电信网络诈骗是一场技术对抗的持久战,打赢这场持久战的关键在技术,突破口也在技术。工业和信息化部高效建成信息通信行业反诈支撑大平台,对接全国近百家单位的反诈能力,研发上线12381涉诈预警劝阻系统,自动分析发现潜在受害用户,第一时间发送预警信息。根据工业和信息化部2023年12月1日发布新闻动态,累计拦截涉诈电话和短信超52亿次,封堵关停涉诈域名522万余个,织牢反诈技术"防护网"[39]。针对当前利用互联网实施的诈骗高发频发,一些用户反映难以查询或解绑名下电话号码关联互联网账号的问题,2022年9月,工业和信息化部在前期推出全国移动电话卡"一证通查"服务的基础上,升级研发

"一证通查 2.0"系统，通过手机号码和身份证后六位能够查询到用户手机号码注册和关联的互联网账号数量[40]，截至2023 年 5 月 15 日，累计为 1.3 亿用户提供一键查询服务。

2.1.3　多元领域的现代化安全治理手段服务探索持续深化

一是通信大数据助力行业数字监管。通信大数据汇聚全国、全网移动网相关数据，以 Hadoop 为基础架构，利用 Kafka 集群作为连接各存储及处理模块的数据通道，通过 Flink 处理、Hive 统计、MPP 存储等技术手段，具备实时分析、数据挖掘、离线统计等能力，据此开展行业分析应用。目前，通信大数据已在电信市场监测、骚扰电话监测以及服务监督等方面发挥重要作用，助力切实推进数字工信、智慧工信建设，实现电信行业监管提质增效。在电信市场监测方面，通信大数据可统计真实在网使用2/3/4/5G、物联网卡、虚商用户数，供行业主管部门掌握用户发展情况。在骚扰电话监测方面，通信大数据通过机器学习建立通信模型，利用大数据挖掘分析技术，分析海量通信数据通联特征，核实其是否属于骚扰电话。同时，通过大数据实时分析技术，基于电话呼出占比、呼出离散度、通话时长等多维特征，建设骚扰电话预测预警触发模型，还可实现骚扰电话的主动事前发现。在服务监督方面，通信大数据对三家基础电信企业的号段个数、分配号码数和活跃号码数进行统计分析，支撑行业主管部门掌握电信市场发展情况。

基于行业监管需要，通信大数据立足安全与发展，正全力探索电信市场开放能力建设、骚扰电话/短信监测溯源技术研发，以及电信网络风险及时发现处置功能优化等有效路径。在全球化进程日益深化的时代背景下，努力为维护我国电信网络安全及人民群众人身财产安全提供更强有力的支撑屏障。

二是通信大数据支撑应急处置工作。在全国、全网统一联动分析计算能力基础上，通信大数据能够进一步支撑应急处置需要，在自然灾害、事故灾难、社会安全等紧急事件发生时，为国家决策提供数据支撑、协助发送应急信息。通信大数据可监测分析指定重点区域或者自定义区域内的人员数量，实时掌握区域人流量及人员来源地。一旦人流量超过预设阈值，可提早预警，避免人员聚集引发踩踏等安全事件。同时，在法律法规允许的情况下，利用通信大数据，可根据划定的特定区域，实时监测区域驻留用户变化情况，及时提示有关风险，具有明显的强实时性和高准确性优势。例如，在国外发生战乱或公共危机时，通信大数据可持续监测驻留高危国家或地区的中国手机用户数，为护侨、撤侨行动提供数据支撑；在自然灾害等突发公共事件中，通信大数据可第一时间统计、分析并持续跟踪当地人员及基础通信设施受灾情况，辅助国家决策。基于上述技术分析手段，通信大数据能够进一步实现应急信息的精准靶向推送，即根据国家有关要求，对特定区域内手机用户发送应急信息，提示区域风险及注意事项，降低人民群众人身财产损失。

三是通信大数据突破工业经济监测。基于人员流动分析和区域监测预警功能，以及"人""物"高度关联特性，通信大数据积极探索其作为新型统计数据与工业经济应用场景有机融合的可能性，突破其在工业经济领域融合应用空白。一方面，从地区、行业、业务等层面切入，利用机器学习、可解释 AI 等技术以及科学分层抽样、指数计算方法，尝试识别典型工业园区及园区内人员、设备和物流情况，刻画用工活跃度、设备活跃度及跨域经济活动联系紧密度等特征，分析预测工业经济活动趋势，解析经济活动行为与数据特征间的映射机理，促进工业经济监测预警能力智能化、智慧化发展。另一方面，可进一步围绕用工、生产、物流、贸易等多方面监测分析需求，洞察市场、研判趋势、预警风险，实现工业经济运行多维度和全流程分析研究。利用通信大数据全面、客观、实时、连续等数据优势和智能分析、动态比对等技术优势，能够突破时空限制，实现全国范围内各行业工业园区经济活动的多维态势分析、智能风险预警，在有效降低多维数据收集时间成本、人工成本，提升数据分析时效性和统计效率，助力工业经济结构优化调整的同时，还能够辅助支撑面向社会研提用工、就业建议，为各地科学规划产业发展、合理指导用工提供参考。

2.2 创新技术，新兴融合领域安全技术体系持续推进

2.2.1 数字安全制度和技术体系不断健全完善

随着数字化、网络化、智能化在更广范围、更深层次上推进，数字化进程提速，数字产业化、产业数字化、数据价值化成为数字时代的重要表现形式，数字安全概念应运而生，政产学研用各方的数字安全探索也全面开展。近

年来，我国坚持统筹发展和安全，系统完善安全监管体系，打造攻防兼备的网络与数字安全技术实力，大力培育网络安全产业，形成了健全完备的网络安全保障体系，为数字安全能力建设奠定了基础，提供了强大的发展动能。一是数字安全政策法规体系不断健全。2022 年，电信法草案立法进程持续推进，《中华人民共和国网络安全法》《网络安全等级保护条例》加快修订完善，引领数字时代安全保障。网络与数字安全管理制度行业纵深推进，出台《网络产品安全漏洞收集平台备案管理办法》，为数字产品安全漏洞管理工作的开展提供依据。修订《信息通信网络安全防护管理办法》，编制行业关键信息基础设施安全保护指导意见，强化提升数字基础设施安全保障能力。2023 年，中共中央、国务院印发《数字中国建设整体布局规划》，明确了数字中国建设的指导思想、主要目标、主要任务和保障措施，部署了"筑牢可信可控的数字安全屏障"重大任务以及"切实维护网络安全""增强数据安全保障能力"重点工作，从政策制度建设、协同能力升级、管理机制完善等三个方面，指明了数字中国整体布局下数字安全重点工作方向和实践路径。二是数字安全标准建设体系化推进。数字技术安全的普及应用持续加强，5G、人工智能、区块链等系列安全防护标准规范加速研制。搭建"基础共性+垂直场景"相结合的融合领域网络安全标准体系框架，工业互联网、车联网、物联网等安全标准研制加快推进，实现了数字安全标准"从单一到多元"的系统突破。三是网络安全防护韧性大幅提升。基本建成国家、省、企业三级协同的网络安全态势感知、网络安全漏洞平台等技术手段，2022 年累计监测发现拒绝服务攻击、钓鱼邮件攻击等网络安全事件 4300 万起，监测发现在线信息系统安全漏洞 3.7 万个，打造了"风险防得住、威胁看得到、攻击能应对"的技术防线。新型融合领域网络安全保障能力有效提升。建成工业互联网安全态势感知平台、车联网安全监测试验平台，2022 年累计监测发现僵尸网络感染、非法外联通信、木马后门感染等工业互联网恶意网络行为 7975.4 万次，针对车联网企业的攻击累计 634.3 万次，同比增加 78.1%，不断开展网络安全风险处置，提升了覆盖工业互联网、车联网等新型融合领域数字安全威胁感知、风险监测、联动处置的立体化安全保障能力。

2.2.2　5G 应用安全实践及 6G 安全前瞻研究加速推进

在国际社会高度关注 5G/6G 安全问题的同时，我国也加强统筹规划，一方面，积极开展 5G 网络安全风险评估，从 5G 安全顶层设计、技术和标准研究、产品及服务研发、应用安全示范推广等方面逐步构建 5G 安全保障体系，稳步推进 5G 安全相关工作；另一方面，同步推进 6G 安全关键技术研究与形势跟踪，积极开展 6G 安全工作前瞻布局，取得了阶段性进展。

一是 5G 安全技术成果不断涌现。在标准制定方面，同步 3GPP SA3、GSMA NESAS 等国际标准进展，全国通信标准化技术委员会(TC485)、全国信息安全标准化技术委员会 (TC260)、中国通信标准化协会 (China Communications Standards Association, CCSA)等积极布局 5G 安全标准，建立健全 5G 安全标准体系，在 TC485、CCSA、IMT-2020(5G)推进组等国内标准化组织和联盟中，推动 30 余项行业标准、20 余项联盟标准及项目立项研制，覆盖 5G 移动通信安全、设备安全保障、边缘计算安全、切片安全、数据安全、应用安全等多个方向，积极引导 5G 安全技术、产品及产业健康发展。在安全产品及服务研发方面，从连续三届"绽放杯"5G 安全专题赛的总体情况来看，5G 零信任安全、切片安全隔离、边缘计算安全等一批先进技术产品脱颖而出，累计遴选出技术成果近 100 项，初步形成了 5G 应用安全优秀案例库、工具库，如图 2.1 所示。同时，5G 应用安全创新推广中心加快建设，深入实施 5G 应用安全创新任务"揭榜挂帅"活动，针对 5G 应用安全实践、5G 安全测评、5G 安全运维及管理以及基础关键技术四个方向、共计 16 个项目开展技术攻关，共推进95项产品/原型系统设计研发、65项 5G 应用安全解决方案研制及案例落地，形成了一批标志性 5G 安全成果，有效服务行业应用安全需求。

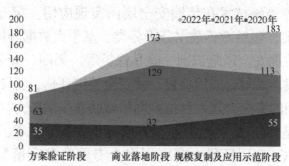

图 2.1　2020～2022 年"绽放杯"5G 应用安全专题赛项目
发展阶段图

　　二是 5G 应用安全解决方案逐步落地。第五届"绽放杯"5G 应用征集大赛应用安全专题赛统计结果显示，5G

应用安全解决方案在服务范围和应用深度上加快拓展，超过 70%的项目实现了商业落地，其中 15%的项目已进入规模复制阶段。相较往年，行业覆盖范围进一步扩大，涉及教育、医疗、工业制造、钢铁、电网、化工等 44 个细分领域，5G 应用安全辐射影响日趋凸显，已经分场景、分业务形成了一批具备行业特色、实施可行性高、复制性与推广性强的优秀案例。总体来看，5G 应用安全解决方案依据行业差异化、个性化需求呈现多元化趋势，重点聚焦以下四类：第一，传统网络安全防护方案升级，包括安全态势感知、流量挖掘与用户行为分析监测、基于物理硬隔离和虚拟逻辑隔离的网络边界防护、安全加固技术、云平台基础架构安全等平台安全方案。第二，新型可信接入与内生防御技术。在示范应用中，零信任安全接入、二次认证等方案已经在专网可信接入中应用，基于可信计算芯片的增强认证鉴权方案在终端/边缘计算平台实现应用，国产密码等密码技术在传输安全层面实现应用。第三，数据安全方案，包括敏感数据分级分类、基于大数据分析、机器学习的数据安全风险识别、隐私保护等。第四，安全检测评估类方案，对融合应用项目开展安全检测评估，验证当前 5G 融合应用的安全合规性和抵御网络威胁攻击的能力。

三是 5G 安全产业生态体系逐步完善。从第五届"绽放杯"5G 应用征集大赛应用安全专题赛参赛情况看，共有来自 28 个省市的 600 余家单位积极参与。如图 2.2 所示，从参赛主体看，三大基础电信运营商仍然是 5G 应用安全产业发展的主要推动方，196 家牵头单位中，运营商及其下属单位有 173 家，垂直行业企业有 16 家，各方对

5G 应用安全的重视程度和参与度稳步提升。据统计分析，以联合体参赛的项目也大幅增加，占比已达 83%，同比增长 102.9%，其中，63.2%为运营商，13.9%为垂直行业，8.8%为安全企业，6.2%为设备商，3.5%为科研机构及高校。此外，2022 年，行业内举办了多次 5G 应用安全供需对接会、论坛交流活动，产业供需对接的深度和广度不断深化，基础电信企业、设备厂商、安全企业、垂直行业企业等逐渐加强 5G 安全信息交流与产业对接，技术合作和能力共享进入快车道，服务和合作模式不断推陈出新，跨行业跨领域协同创新发展的产业生态已初步构建，将为我国 5G 安全发展提供重要支撑和坚实基础。

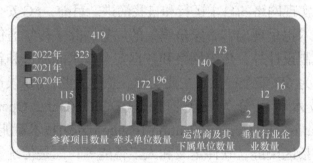

图 2.2　2020～2022 年"绽放杯"5G 应用安全专题赛参赛数据趋势图

四是 6G 网络安全研究向韧性、内生方面聚焦。业界在关注移动通信网络中的通信安全、隐私保护、网络可信问题之外，也关注 6G 网络的韧性问题。网络通信与安全紫金山实验室发布的《6G 内生安全可信技术白皮书》①认

———————

① 数据来源：网络通信与安全紫金山实验室. 6G 内生安全可信技术白皮书. 2023

为 6G 将在基于先验知识的"补丁"式安全措施等传统发展范式的基础上，发展内生安全的新发展范式，针对数字物理环境下功能安全和网络安全交织引发的广义功能安全威胁提供一体化解决方案，基于系统构造技术，形成高可用、高可靠、高可信三位一体的 6G 网络架构，实现 6G 与网络攻击共存，在遭受网络攻击时保持网络可用性以及网络恢复的能力。IMT-2030(6G)推进组发布的《6G 前沿关键技术研究报告》[①]中，也提出 6G 将深度融合人工智能/机器学习技术，打破现有无线空口模块化的设计框架，实现无线环境、资源、干扰、业务、语义和用户等多维特性的深度挖掘和利用，显著提升无线网络的高效性、可靠性、实时性和安全性，并实现网络的自主运行和自我演进。目前，6G 安全候选关键技术也呈现出"百家争鸣"的局势，除了传统通信网络安全机制设计外，传统网络和数据安全技术的演进和新兴信息技术为 6G 安全提供了主要支撑。总体来说，6G 候选安全关键技术可以分为三类：一是 DOICT(Data, Operation, Information and Communication Technologies)技术赋能 6G 安全，包括区块链、软件定义和人工智能等；二是传统安全技术增强，包括后量子密码、零信任等技术；三是可信内生安全技术，包括广义功能安全、物理层内生安全等。从保障目标来看，三类技术将围绕安全、韧性和可信的目标，支撑整体 6G 安全体系设计。

2.2.3　工业互联网安全保障工作在实践中不断走深向实

一是持续夯实国家工业互联网安全政策保障。在十部

---

① 数据来源：IMT-2030(6G)推进组. 6G 前沿关键技术研究报告. 2022

门《加强工业互联网安全工作的指导意见》基础上，试行《工业互联网企业网络安全分类分级管理指南》，面向 15 省、230 余家企业开展试点，分类分级管理理念得到有效验证，自主定级、定级核查、评估评测、整改落实等闭环机制初步建立。2022 年面向全国范围部署实施工业互联网安全深度行活动，面向数千家企业实施分类分级管理，推动政策宣贯、资源池建设、赛事演练、人才培训等工作落地，推动工业互联网安全管理、服务、人才、产业协同发展，保障我国工业互联网安全高质量发展。

二是持续优化完善工业互联网安全标准体系。2022 年，我国在《工业互联网综合标准化体系建设指南(2021版)》和《工业互联网安全标准体系(2021年)》基础上，持续开展工业互联网安全标准研制工作，深入推动分类分级安全防护、安全管理和安全应用服务标准等重点方向标准研制，并按需对关键要素相关标准补充完善。全国通信标准化技术委员会/中国通信标准化协会、全国信息安全标准化技术委员会、工业互联网产业联盟及其他标准组织持续推动开展工业互联网安全标准研制工作，并取得积极进展。中国信通院联合轻工、钢铁等行业协会，推动《轻工行业工业互联网企业网络安全分类分级防护要求》《钢铁行业工业互联网企业网络安全分类分级防护要求》等多个行业标准立项研制。聚焦工业互联网关键核心要素，加速研制《工业 APP 安全防护通用要求》《工业互联网边缘计算平台安全防护要求》等标准，推动《工业互联网数据采集终端设备安全要求》《工业互联网设备上云安全技术要求》等标准成功立项。

三是持续建设完善工业互联网安全技术和管理能力。建设完善"部-省-企"三级工业互联网安全监测服务体系，不断提升安全风险监测发现、通报预警、威胁处置能力。中芯国际、昆钢集团、天津宜科、北京全应等 27 家重点工业企业，海尔、浪潮等 11 家重点平台企业建成企业侧安全综合防护系统，形成覆盖电子、航空等 14 个重要行业的上下联动的安全监测服务体系，支撑"两会"等重大活动保障工作，支持疫情复工复产等重点工作，为政府机构开展工业互联网安全监管工作提供有效支撑。工业互联网试点示范持续开展，2022 年安全类试点示范面向分类分级管理、工业控制系统网络安全创新应用、垂直行业安全解决方案、安全服务创新载体和新技术融合创新应用等 7 个细分方向，遴选出 29 个试点示范项目，涌现出一批钢铁、轻工、冶金等行业分类分级优秀实践，人工智能、威胁智能分析防御、边缘计算等新技术不断应用于安全防护方案，促进 5G 全连接工厂、智能制造等应用安全可靠。

四是多层面推动工业互联网安全人才培育选拔。一方面，建成工业互联网安全岗位认证体系。搭建工业互联网安全"赛、训、职、教"融合的人才培养体系，中国信通院在全国范围内持续开展工业互联网安全人才能力评价、评估机构遴选、培训讲师培育、培训中心建设等，建设工业互联网安全人才库(工业和信息化人才库子库)，相关获证人员纳入工业和信息化人才数据库。另一方面，持续举办国家级工业互联网安全大赛。在工业和信息化部指导下，中国信通院持续多年举办国家级、全国性工业互联网安全赛事，2018 年和 2019 年支撑工业和信息化部举办

"护网杯"工业互联网安全大赛，2020 年成功举办全国工业互联网安全技术技能大赛(国家级一类赛事)，2021 年举办第一届中国工业互联网安全大赛。吸引近 5 万名选手参赛，16 个地方主管部门、20 个重点行业积极参与办赛，搭建安全技术、人才、产业协同发展平台，推动人才链、创新链、产业链量质齐升。

2.2.4 关键信息基础设施安全韧性不断增强

关键信息基础设施安全保护是一项长期性、系统性工程，我国加强统筹规划和总体战略部署，从顶层政策制定、技术标准研制、产业生态打造等方面不断体系化地构建安全保障能力，推动提升整体防护水平。

一是我国顶层规划和标准体系不断健全完善。第一，国家政策对安全提出新要求。2022 年 6 月，国务院印发《关于加强数字政府建设的指导意见》[1]，提出构建数字政府全方位安全保障体系，加强关键信息基础设施安全保障，强化安全防护技术应用，切实筑牢数字政府建设安全防线等要求。第二，重点行业领域密集发布关键信息基础设施安全保护工作要求。2022 年以来，能源、卫健、证券等行业主管部门陆续发布或更新了本行业本领域的网络安全管理办法，其中均涉及关键信息基础设施安全保护工作要求，为关键信息基础设施安全稳定运行保驾护航[41]。第三，我国第一个关键信息基础设施安全保护标准正式施行。《信息安全技术 关键信息基础设施安全保护要求(GB/T39204-2022)》国家标准于 2022 年 11 月批准发布，

---

① 资料来源：国务院关于加强数字政府建设的指导意见(国发〔2022〕14 号)

2023 年 5 月 1 日起正式实施。其围绕分析识别、安全防护、检测评估、监测预警、主动防御和事件处置等六个方面的重点信息基础设施安全防护工作提出了 100 余项安全要求，并提供了工作指引。第四，电信等重要领域推动编制本行业关键信息基础设施安全保护标准。行业标准将国家安全要求与行业实际充分结合，从安全管理、安全技术等维度映射行业特性，规范性指引落地实施国家和行业有关工作要求[42]。

二是关键信息基础设施防护技术体系初步构建。第一，网络安全防护技术手段体系化建设步伐加快。关键信息基础设施行业领域，积极推动零信任、自动化编排、智能化等新技术应用，加快推动僵木蠕、移动恶意程序监测等相关能力联动，提升一体化安全防护水平。第二，集智聚力开展关键核心技术攻关。聚集产学研用多方合力，加快关键信息基础设施安全关键核心技术攻关，打造能力试验验证平台，助力安全技术创新发展。第三，打造关键信息基础设施安全防护应用示范效应。2022 年 12 月，工信部、网信办等十二部门联合发布 2022 年网络安全技术应用试点示范项目名单，聚焦关键信息基础设施行业领域的安全保障需求，遴选技术先进、应用成效显著的网络安全共性技术、网络安全创新服务试点示范标杆。

三是涉及关键信息基础设施安全监管机制逐步完善。第一，强化对网络产品的安全漏洞管理。针对国际网络空间博弈日趋激烈、安全漏洞风险日益突出的情况，根据《网络产品安全漏洞管理规定》，对漏洞收集平台备案的相关要求进一步细化，2022 年 10 月，工业和信息化部印发《网络产品安全漏洞收集平台备案管理办法》[①]，明确漏洞收集平台范围、备案性质、备案内容、备案程序，规范平台备案管理，防范漏洞被利用引发网络安全重大风险。第二，探索形成网络安全能力成熟度评价工作机制。以提升网络安全态势复杂多变环境下的网络安全应对能力为目标，信息通信行业启动网络安全能力成熟度评价工作，依托《电信网和互联网网络安全能力成熟度评价模型》《电信网和互联网网络安全能力成熟度评价方法》《网络安全产品成熟度评价体系》《软件供应链安全能力成熟度参考模型》等一系列标准，分别针对运营者、网络安全产品、软件供应链等各项网络安全能力开展评价，推动网络安全能力创新发展，提升重大安全风险防范能力。

2.3 革新理念，多元化安全架构和模式加速落地

2.3.1 人工智能创新应用和安全能力建设同步开展

一是生成式人工智能安全技术脱胎于传统安全风险治理方案。目前，生成式人工智能安全技术多处于学术研究阶段，尚未实际应用于人工智能生成内容的使用、识别和防御工作中。随着生成式人工智能的快速发展，愈加迫切、大量和多样的安全需求将加速推动生成式人工智能安全技术快速发展迭代，助推形成成熟化的生成式人工智能

---

① 资料来源：工业和信息化部关于印发《网络产品安全漏洞收集平台备案管理办法》的通知(工信部网安〔2022〕146 号)

安全技术服务体系，一些企业如网易、中科睿鉴等已在研究落地人工智能安全技术。首先，隐私计算技术有望成为解决生成式人工智能数据安全隐患的利器。安全多方计算、差分隐私、联邦学习、同态加密等隐私计算技术可实现"数据可用不可见"，让数据拥有者在不暴露数据本身的前提下进行数据的共享、互通、计算、建模，确保生成式人工智能正常提供服务的同时数据不泄露给其他参与方。其次，内容审核技术为人工智能生成内容盖上一层保护罩。针对人工智能生成内容与人工制作内容之间存在的细微差异，研发针对图片、音频、视频的深度伪造检测技术，开展人脸鉴伪、声纹鉴伪、视频鉴伪等工作；此外，利用特征库和机器审核技术，可过滤色情、暴恐、谣言欺诈等违规内容。最后，生成式人工智能可用来编写网络攻击防御代码，以防范人工智能时代复杂多变的网络攻击，提高防御智能化水平，提升网络安全防范能力。

二是积极利用ChatGPT等人工智能大模型提升网络安全产品智能水平。ChatGPT等人工智能大模型因为其强大的知识理解和智能推理能力，拥有从海量数据中快速检测发现安全缺陷和安全威胁线索的巨大潜力，国内网络安全厂商纷纷加大安全大模型的研发投入。奇虎360总裁周鸿祎表示[1]，360拥有全球规模最大的安全大数据，未来将利用大数据优势和GPT大模型能力，将360数字安全大脑和大模型技术结合起来，更好地实现对网络攻击的防御。天融信在社交平台

---

[1] 信息来源：周鸿祎在2023长春数字经济发展论坛讲话. 2023. https://finance.eastmoney.com/a/202304072685478673.html

表示①，公司在人工智能与大模型技术领域已有布局，前期发布了多款融合人工智能技术的创新型安全产品，后续将加大大模型技术在网络安全领域的创新应用投入，在网络攻击识别与发现、恶意威胁流量分析、未知漏洞发掘、安全智能运营等方面[43]，推出更多赋能网络安全行业的产品与服务。

三是我国元宇宙安全治理逐步展开。目前国家层面尚未专门针对元宇宙安全建章立制，但由于元宇宙安全发展的迫切性，行业自下而上推进安全治理工作。首先，数据确权为元宇宙安全发展奠定基础。2022 年 8 月，中国版权保护中心和蚂蚁集团共建数字版权链，建立网络环境中权利人与作品一对一的版权归属关系②。其次，行业自律工作加速推进。2022 年 9 月，《元宇宙安全治理上海倡议》发布，该倡议聚焦元宇宙的安全治理，提出保障秩序、尊重隐私、保护未来等八个目标，还提倡对数字产权保护和创新与监管的考虑，以确保用户在虚拟世界中的安全性③。2023 年 2 月，《2023 中国元宇宙与数字经济发展战略的十二条共识》发布，其中第七条共识呼吁建立数字版权体系，制定可信安全的元宇宙软硬件行业标准④。该共识认

---

① 信息来源：天融信在机构调研中表态. 2023. https://www. sohu. com/a/674090346_222256

② 数据来源：北京日报.中国版权保护中心与蚂蚁共建数字版权链. 2022. https://baijiahao.baidu.com/s?id= 1740284070948655989&wfr= spider&for=pc

③ 数据来源：澎湃新闻.《元宇宙安全治理上海倡议》发布，提出八大目标原则. 2022. https://new.qq.com/rain/a/20220905A09MHI00?no-redirect=1

④ 数据来源：品牌策划圈. 元宇宙重磅文件：2023 中国元宇宙与数字经济发展战略的十二条共识. 2023. https://baijiahao.baidu.com/s?id= 17587720789596939991&wfr= spider&for=pc

为需要对元宇宙进行标准化和监管，以确保虚拟世界的安全性和可信度。最后，专家学者自发呼吁监管。2023 年两会期间，多名人大代表就应对数字货币风险、推广使用数字人民币智能合约、加快网络虚拟财产保护立法等提出了多项建议①。这些提案反映了对虚拟世界特有安全风险的认识以及对其进行监管和保护的必要性。总之，元宇宙安全是数字经济增长和发展的关键因素，随着技术与应用的不断发展，元宇宙治理迫切需要安全措施的标准化，以确保虚拟世界的安全，保障主体权益。未来，我国元宇宙安全治理工作仍需进一步研究完善。

2.3.2　软件供应链安全治理脉络日渐明晰

一是软件供应链安全事件影响凸显，开源软件安全成为焦点问题。2022 年 3 月，每周下载量超过 100 万次的包管理工具(Node Package Manager，NPM)开源组件 Node-ipc，其作者在代码仓库中进行了"供应链投毒"，造成开发者和使用者之间信任链条断裂，引发全球热议②。2022 年 5 月，NPM 注册表中存在恶意软件包，可以完全控制被感染的机器，造成德国的著名媒体等机构内部机密信息泄露③。2022 年 6 月 23 日，开源软件供应链安全社区

---

① 数据来源：何红. 2023 年两会上有关区块链、元宇宙、数字人民币的提案有多少？. 2023. https://card.weibo.com/article/m/show/id/2309404879168281379321

② 数据来源：开源中国. 百万周下载量 Node-ipc 包以反战为名进行供应链投毒. 2022. https://baijiahao.baidu.com/s?id=1727430208904391235&wfr= spider&for=pc

③ 数据来源：The Hacker News. Malicious NPM packages target German companies in supply chain attack. 2022. https://thehackernews.com/2022/05/malicious-npm-packages-target-german.html

(OSCS)监测发现 PyPi 官方仓库被上传了约 150 多个恶意钓鱼包，攻击者可窃取用户信息、环境地址等敏感信息上传至指定服务器，造成数据泄露等安全风险①。2023 年 4 月，3CX 公司日使用者超 1200 万的跨平台桌面电话应用程序遭受供应链攻击事件，Windows/Mac 平台的多个版本的安装包被植入恶意代码，使全球约 60 万家企业用户受到潜在威胁②。2023 年开源生态依然保持蓬勃发展的态势，开源软件漏洞数量持续增长。根据"奇安信开源项目检测计划"的实测数据显示，开源软件的总体缺陷密度和高危缺陷密度依然处于较高水平。

二是多元探索开展软件供应链全生命周期安全治理，头部企业积极实践治理指南。政府部门积极出台意见和管理要求推动软件供应链安全治理相关工作开展，如中国人民银行、中央网信办等五部门联合发布《关于规范金融业开源技术应用与发展的意见》，明确规定开源技术使用的二十条原则；金融等重要行业和领域纷纷就软件供应链安全风险隐患及下一步工作要求提出指导意见。全国信息安全标准化技术委员会(TC260)、中国通信标准化协会(CCSA)着手布局《信息安全技术 软件供应链安全要求》《信息安全技术 软件产品开源代码安全评价方法》《软件供应链安全能力成熟度参考模型》《软件物料清单构建及安全应用》等亟需标准研制研究工作。供方侧和需方侧协

① 数据来源：OSCS|开源软件供应链安全社区. mega707 在 PyPi 官方仓库投放 150+恶意软件包. 2022. https://www.oscs1024.com/hd/MPS-2022-20159

② 数据来源：3CE. 3CE desktopapp security alert. 2023. https://www.3cx.com/community/threads/3cx-desktopapp-security-alert.119954/

同实践指南规范，携手打造可信软件供应链。供方侧通过供应链安全顶层方针政策制定，安全纳入采购、开发、交付等环节保障软件供应链的上游安全；需方侧通过供应商全生命周期管理、软件产品运行和退出安全等保障供应链的下游安全。供应链安全能力成熟度评估试点专项行动由中国信息通信研究院、中国电信、中国移动、中国联通等单位联合开展，旨在助力各行业各领域遴选合格供应商，助力软件供应链利益相关方摸清治理痛点，寻求最佳实践差距，明确软件供应链安全能力提升方向。

三是软件供应链安全关键技术成熟度不断提升，供应链透明度、弹性不断增强。国内安全产业界逐渐凝聚共识，从解决软件供应链痛点难点出发，聚焦软件物料清单、开源软件安全、软件产品和服务安全等软件供应链安全关键问题，在探索、实践中推动软件成分分析技术、多形态代码安全检测技术的核心攻关和成果转化。国内软件供应链安全检测技术产品多地开花，软件供应链安全检测技术覆盖全生命周期，软件成分分析技术(Software Composition Analysis，SCA)可实现开源软件和闭源软件的物料清单分析，以进行漏洞精准定位，提升漏洞治理能力，代表厂商如奇安信、孝道科技、悬镜等；运行态应用安全测试技术(Interactive Application Security Testing，IAST)被 Gartner 列为网络安全领域的 Top10 技术，可直接从运行中的代码发现问题，可自动化识别和诊断软件漏洞，降低漏洞误报率，代表厂商如悬镜、默安等；运行态应用程序自我保护技术(Runtime Application Self-Protection，RASP)为 Gartner 提出的一种新型 Web 防护手段，可实时识别攻击行为并采取阻断措施，代表厂商如孝道科技、边界无限、百度等；入侵与攻击模拟技术(Breach and Attack Simulation，BAS)可采用攻击者的思维方式进行主动防御，可模拟自动和连续的大量攻击，自动探测隐藏的安全漏洞，代表厂商如悬镜、墨云科技等。

2.3.3 我国网络安全互操作加快规范化建设

我国在安全互操作领域相较国外起步较晚，自 2022 年起启动整体架构的研究，主要开展了对数据安全威胁的规范化，并针对安全日志、恶意应用、管理平台等制定安全互操作接口技术标准规范，然而，在语义方面仍缺乏国家及行业标准规范研究。

在体系架构方面，2022 年 3 月，TC260 发布网络安全国家标准需求，提出迫切需要制定网络安全产品互联互通整体架构和接口相关要求，实现安全产品在数据格式和交互接口上的协同。2022 年 9 月，CCSA TC8 WG1 完成研究课题"网络安全产品互操作标准体系研究(2022B72)"，作为通用网络安全产品互操作标准化工作，梳理了网络安全产品互操作标准化现状和概念，基于网络安全产品互操作发展需求，构建了网络安全产品互操作标准体系，包括总体框架、基础标准、技术标准、度量标准四部分，并制定了网络安全产品互操作标准路线图，为我国安全互操作标准化工作提供顶层指导[44]。

在接口规范方面，国内已为安全日志、恶意程序等信息互通制定了《Web 安全日志格式及共享接口规范(YD/T 3496-2019)》《信息安全运行管理系统(SOC)与被监控设备间接口技术要求(YD/T 2255-2011)》《移动互联网恶意程序疑似样本报送接口规范(YD/T 2849-2015)》《移动互联网恶意程序监测与处置管理平台数据接口规范(YD/T 2847-2015)》等接口标准。CCSA正在制定一系列接口标准，实现在集中管理平台下采用标准化接口管理各种安全功能，如TC8 WG1《电信网络安全中台技术要求》《电信网络安全中台技术要求 池化安全组件接口要求》《漏洞扫描系统通用北向接口要求》和TC5 WG5《网络功能虚拟化(NFV)架构下防火墙集中管理技术要求》等。2021年，部分运营商通过企业标准等形式规范不同类型安全组件间的通信规约和控制接口，并在企业内部实施，以推动安全产品间互联互通。

在数据共享方面，主要面向威胁情报、漏洞等制定国家和行业相关标准，包括国家标准《信息安全技术 安全漏洞标识与描述规范(GB/T 28458-2012)》《信息安全技术 网络安全威胁信息格式规范(GB/T 36643-2018)》及行业标准《联网软件源代码漏洞分类及等级划分规范(YD/T 3448-2019)》《移动智能终端漏洞标识格式要求(YD/T 3667-2020)》《Web漏洞分类与定义指南(YD/T 3955-2021)》等，定义了漏洞标识格式、漏洞描述格式、威胁信息格式、攻击描述元素等相关规范，通过标准化的接口和数据格式，促进各类安全产品之间对漏洞信息、威胁信息等进行交互和共享。

2.3.4 主动内生安全创新理念不断深化

漏洞、后门、病毒等威胁始终是威胁网络系统安全的重大因素，并且在实际网络运行中是不可避免而存在的，仅靠外部特定的网络防御很难从根本上消减这些威胁，需要结合网络系统功能设计予以体系化防护[45]。内生安全聚焦应对信息技术自身理论体系上的不完备性以及与生俱来的安全"基因缺陷"，从源头上应对网络安全威胁。

一是拟态防御技术成果加快从理论走向应用。基于内生安全架构的设备系统在各类高强度攻击验证中表现出优越的安全性能。2022 年 12 月，在第五届"强网"拟态防御国际精英挑战赛中，国内外 60 支精英战队在 72 小时内对基于我国独创的网络空间内生安全理论开发的系列拟态设备等展开 911 万次全方位、高强度攻击测试[①]，具有内生安全属性的拟态构造产品充分抵御攻击考验，展现出超越传统商用产品安全数百上千倍的内生安全防御能力。内生安全技术具备高度的可行性和普适性，正在逐步成为 6G 等前沿技术安全发展的新范式。2023 年 1 月，在第二届网络空间内生安全发展大会期间，紫金山实验室发布《6G 内生安全可信技术白皮书》，提出 6G 内生安全可信技术体系，帮助应对 6G 大规模应用带来的共性安全问题、个性安全问题、广义功能安全问题[②]。

二是安全可信技术成为数字经济发展的基础与底座。在数字化转型的新形势下，沈昌祥院士指出，夯实网络安全基础需要全面使用安全可信的产品和服务，借助新模式

---

① 信息来源：网络空间内生安全发展大会官网. 2022. http://cessc. pmlabs.com.cn/diwujie.html

② 信息来源：科技日报. 网络空间内生安全新成果筑牢数字屏障"中国方案". 2023. http://digitalpaper.stdaily.com/http_www.kjrb.com/kjrb/html/ 2023-01/13/content_547451.htm?div=-1

计算、可信计算等理论技术构建网络安全主动免疫保障体系①。邬贺铨院士强调，IPv6、5G 等新一代信息技术为数字经济发展赋能，应以可信网络为底座，以可信数据为关键生产要素，利用新技术打造安全可信的基础设施与应用系统②。我国可信计算产业部署进程再上新台阶，2023 年 4 月，在第六届中国可信计算产业发展论坛上，院士专家们正式启动主动免疫安全可信护航计划，众多企业机构共同签署推动可信计算产业发展倡议书，合力推进可信计算全体系专业化和标准化，打造主动免疫安全可信产业新生态③。

三是主动防御技术屏障提升网络安全攻防能力。方滨兴院士指出，网络空间安全防御主要经历护卫阶段、迭代阶段、自卫阶段等三个应对阶段，其中护卫阶段针对外敌进行外部统筹防御，重点在于努力发现对手，并对之进行围追堵截。基于这一核心思想构建的"盾立方"外置安全技术在冬奥网络防护中发挥重要作用，通过设伏探查技术设置相应陷阱发现异常，利用关联分析技术确认攻击嫌疑源头，借助管控阻断技术部署拦截点阻断异常 IP 进入，进而形成了三维构造对外部威胁进行护卫。构建了核心更

① 信息来源：腾讯网. 沈昌祥院士：主动免疫可信计算让黑客进不去、拿不走、赖不掉. 2022. https://new.qq.com/rain/a/20220708A0BJRP00

② 信息来源：新华网. 2022 西湖论剑 | 邬贺铨：建设可信网络 护航数字经济. 2022. http://www.xinhuanet.com/info/20220702/2f931ba5c8724e6faad851c53d5e286e/c.html

③ 信息来源：光明网. 第六届中国可信计算产业发展论坛在京召开. 2023. https://wlaq.gmw.cn/2023-04/20/content_36509449.htm

加强大的防护模式，有效应对 APT 等未知攻击类型，在北京冬奥网络防护中提供了强有力支撑[①]。

四是基于零信任的内生安全技术方案加速落地。零信任架构下，网络的可信锚点可以随着网络拓扑的变化而动态变化，软件定义边界网关所在的位置成为了网络可信锚点位置，软件定义边界网关将内外不可信的网络进行隔离。相比传统粗粒度的网络边界隔离，零信任支持将网络隔离边界进一步收缩。边界收缩的趋势也促进形成了"宏微两级边界隔离"的边界防护措施。目前，产业界将零信任理念用于提升内生安全能力，例如，奇安信将零信任架构中的身份管理、微服务隔离、动态持续评估等机制作为最重要的安全服务方式，向客户提供内生安全整体一体化的方案。浙江电力、三大运营商及华为共同建设基于"零信任"认证的 5G 电力纵向安全应用，以自主认证+动态认证为核心，实现终端"零信任"接入[②]。

2.3.5　传统与新兴技术融合促进网络安全技术体系化

安全是整体的，不是割裂的，目前我国中大型安全企业在网络安全防护技术体系布局上，有以下几个特点。一方面强化传统安全技术的关联运用。大多数企业认为防火墙、入侵检测、安全审计等传统网络安全技术和产品仍将在网络防御能力中发挥重要作用，并需要整体化和体系化

---

① 信息来源：2022 北京网络安全大会. 方滨兴：在冬奥防护中，"四蜜"探查结构塑造了更加强大的防护模式. 2022. https://bcs.qianxin. com/2022/news/detail?id=55

② 信息来源：通信世界网. 2022. http://www.cww.net.cn/article?id= 557419

设计。奇安信、绿盟等大型安全企业逐步加强安全各个环节和能力的关联性，推动将安全产品、解决方案和服务做到系统化设计和研发，将网络漏洞应急处理、网络态势监测、防病毒、身份认证管理、网络隔离、溯源审计等多种安全技术融入到相应的产品中，为客户提供统一化的系统安全服务。中国移动、中国联通、中国电信等也均布局云化安全能力的、以安全资源池和软件定义安全的技术，实现多种安全能力按业务需求的动态编排调度，提供整体系统的安全性。在传统网络安全技术中，基于传统物理边界隔离的技术(如边界防火墙、入侵检测、网络域安全等)仍将是面向新一代网络的主要隔离手段，将会继续在网络安全防护中发挥重要作用。另一方面注重新型安全技术与传统技术的融合。传统安全防护技术正面临着网络攻击手段多样化和先进化的挑战，企业加快将新型安全防御理念和技术结合传统安全解决方案，以提升网络和系统的整体安全防御能力。例如，奇安信将内生安全的理念融入解决方案中，将安全产品和系统与客户的业务系统紧密结合，研发零信任、SD-WAN 等技术产品，叠加到现有的安全防护架构中，在业务流程中融入安全评估、持续认证等安全能力，强化用户对数据访问的细粒度安全控制。绿盟、启明星辰等将深度学习和人工智能算法结合到网络流量威胁和态势感知相关产品中，提升产品分析未知网络威胁和漏洞的能力。中国电信运用量子密钥分发和密钥生成技术生成量子密钥，并结合传统安全加密协议和算法做到"一次一密"，提升 5G 通话安全性。

2.4　强化监管，数据安全保障能力迈上新台阶

2.4.1　数据安全管理取得良好成效

一是制度建设稳步推进。国家高度重视数据安全制度建设。为更好承接《中华人民共和国数据安全法》《中华人民共和国个人信息保护法》在具体行业、具体场景的实施落地，工业和信息化部、网信办、国家发展和改革委员会等主管部门紧密围绕工业互联网、车联网等领域以及数据出境安全等场景，制定了相关管理制度，进一步完善了重点行业重点领域数据安全制度体系建设。2022 年 2 月，网信办、工业和信息化部等十三部门联合发布修订后的《网络安全审查办法》，明确将重点评估核心数据、重要数据以及个人信息被盗用、滥用及非法出境的风险，以及重点关注上市企业是否存在关键基础设施、核心数据、重要数据或者大量个人信息被国外影响、盗窃、非法利用等风险，确保数据安全。在数据出境安全管理方面，2022 年 7 月，网信办发布《数据出境安全评估办法》，进一步规范数据出境活动，维护国家利益和社会公共利益，确保数据安全、有序跨境流动。同年 12 月，全国信息安全标准化技术委员会发布《网络安全标准实践指南——个人信息跨境处理活动安全认证规范 V2.0》。2023 年 2 月，《个人信息出境标准合同办法》正式公布，自 2023 年 6 月 1 日起施行。上述制度规范共同构成了数据出境三条合规路径。2022 年 12 月，工业和信息化部发布《工业和信息化领域

数据安全管理办法(试行)》，办法建立健全了工信领域数据安全制度机制，细化明确了数据全生命周期安全保护要求，为工信领域企业落实数据安全管理和技术保护措施提供了明确指引[46]。同时，我国高度重视人工智能、元宇宙等新技术的数据安全风险治理，2023年4月，网信办发布《生成式人工智能服务管理办法(征求意见稿)》，强调预训练数据、优化训练数据来源的合法性。

二是监管效能持续加强。2022年，工信部、网信办、公安部和市场监管总局等行业主管部门高度关注数据安全和个人信息保护，通过密集开展专项行动等手段，督促相关主体认真落实数据安全和个人信息保护主体责任。工信部持续推进APP专项治理活动，共发布《关于侵害用户权益行为的 APP 通报》《关于 APP 侵害用户权益整治"回头看"发现问题的通报》6 批，发现存在问题的 APP共 791 款，并及时要求相关企业完成整改。2022年，全国公安机关继续推进"净网 2022"专项行动，截至年底共侦办案件 8.3 万起。2022年 6 月，国家市场监管总局、网信办联合发布《关于开展数据安全管理认证工作的公告》，积极落实《中华人民共和国数据安全法》《中华人民共和国认证认可条例》等法规对数据安全管理认证的有关规定，明确认证模式、程序等关键环节，加强数据安全防护，数据安全监督管理工作继续向深、细、实迈进。2022年 7 月，网信办依法对滴滴全球股份有限公司进行网络安全审查相关行政处罚，罚款超过 80 亿元，有力打击危害国家网络安全、数据安全、侵害公民个人信息等违法行为。

三是数据安全国际合作不断深化。我国高度重视数据安全国际合作，通过发布"共同倡议"和"白皮书"等方式，与其他国家和国际组织就数据安全防护和开发共享等关键领域积极达成共识，传递中国对于数据安全和个人信息保护的理念和构想，携手应对日益严重的数据安全风险，共同提升数据安全能力。2022 年 6 月，我国与哈萨克斯坦共和国、吉尔吉斯共和国、塔吉克斯坦共和国、土库曼斯坦、乌兹别克斯坦共和国共同发布《"中国+中亚五国"数据安全合作倡议》(以下简称"倡议")，倡议明确各国要秉持发展和安全并重的原则，把握数据安全技术进步与国家安全和社会公共安全之间的平衡。倡议提出反对利用技术破坏他国关键信息基础设施和盗取、控制他国大量个人信息等行为，加强沟通交流，深化合作，共同应对全球数据安全挑战与威胁。2022 年 11 月，国务院新闻办公室发布《携手构建网络空间命运共同体》白皮书，提出与国际社会合作提高数据安全合作水平，提升国际数据安全保护规则的兼容性和互通性，强调促进数据安全治理和开发利用。

2.4.2 数据安全基础能力显著提升

一是数据安全技术快速发展。在"数字产业化"浪潮驱动和"产业数字化"需求牵引下，聚焦围绕数据安全防护与监测技术，保障以数据为中心的全生命周期的安全技术持续发展，成熟度不断提高，逐渐发展形成数据安全技术体系。从具体技术分类来看，主要分为数据资产管理、数据资产防护、数据处理行为保护、数据开发利用等技术方向。数据安全技术标准编制工作有序推进，围绕数据资产保护、数据安全监测、数据共享利用安全等技术方向的国家标准、行业标准陆续编制发布。

二是数据安全技术成熟度持续提升。数据资产识别、数据加密、数据防泄露等传统数据安全技术持续迭代演进，在结构化数据领域技术原理已较为成熟，技术指标普遍满足相关要求，已有较为稳定的应用范式。在处理非结构化数据和动态数据等场景下的技术应用仍需进一步突破，技术的适用性和稳定性有待强化[47]。隐私计算、数据溯源、数字版权管理、数据安全态势感知等新兴数据安全技术理论提出时间较短，处于萌芽期，商业化应用刚刚起步，但发展空间广阔[48]。

三是数据安全技术加速应用实践。随着数据安全技术的快速发展，其产业化应用也持续升温。数据安全产品快速迭代创新，数据脱敏、数据防泄露、数据库审计等产品已相对成熟，有较为稳定的供给能力，可靠性较高。相关产品在静态数据处理场景下和金融、医疗、电信、政务、交通等行业领域已有成熟的应用案例与模式。面向数据资产管理、数据开发利用安全需求的产品目前处于发展阶段，功能差异性明显。例如，部分数据分类分级产品存在与流量监控审计、数据库防护等产品功能交叉混杂，尚未形成统一的产品形态的情况，给市场发展造成一定影响[30]。此外，数据溯源等产品正处在起步阶段，适用场景正在不断扩展。

2.4.3　隐私计算技术持续赋能数据安全

一是隐私计算技术快速演进。多方安全计算技术持续研究与创新，在性能优化和应用扩展两大方向实现技术推进。联邦学习技术快速发展，技术创新集中在性能优化、安全加固、模型效用提升等方面。可信执行环境技术成熟度不断升高，越来越多的国内硬件厂商如海光、兆芯、飞腾、鲲鹏等纷纷推出了基于可信执行环境的硬件产品。同时，国内隐私计算相关标准快速迭代，已经从技术产品的功能、性能、安全向着应用场景、软硬结合等方向扩展。全国信息技术标准化技术委员会(TC28)、全国信息安全标准化技术委员会(TC260)、中国通信标准化协会(CCSA)等稳步推进隐私计算产品基础能力、性能、安全、互联互通和各类行业场景应用等系列标准，构建隐私计算标准体系。

二是技术应用商业化探索不断。目前国内隐私计算的商业模式主要包括直接部署隐私计算平台、提供整套数据安全流通服务平台、提供开源订阅的定制化服务、提供隐私计算一体机设备等[33]。隐私计算技术在金融、互联网、政务等领域已经进行了初步的探索和应用，例如，在金融领域，隐私计算技术的应用已实现在不泄露各方原始数据的前提下，实现数据安全融合、联合风控建模、联合营销筛选等，提升金融智能的准确性及完备性[49]。在医疗领域，医疗机构可使用隐私计算技术破解多方数据难以流通的难题，借助隐私计算技术可使各医疗机构能够在不直接共享原始数据的情况下，实现多个医疗机构数据之间的联合计算，满足基因测序、疾病预测、医学影像识别等场景的计算需求。在政务领域，隐私计算持续赋能政务数据安全共享，基于隐私计算技术的相关数据融合计算平台应用于省级统计局、经信厅、征信公司、运营商等数据联合计算场景，有力助推相关政府建设数字化政府等工作。

　　三是多技术融合助力突破应用瓶颈。当前，隐私计算正处于快速发展阶段，以多方安全计算、联邦学习、可信执行环境为代表的各类主流技术路线不断创新与突破，但是在短时间内仍然难以从本质上解决单一技术的瓶颈限制，各技术路线都存在着不同的局限性。多技术融合在一定程度上为突破技术瓶颈提供了有效手段。以多方安全计算与联邦学习融合为例，通过多方安全计算能够强化对于联邦学习中间数据的安全保护能力，更加安全地实现多方机器学习。此外，隐私计算与算力网络、区块链等相关技术融合应用也能够辅助提升相关性能及可靠性。目前，隐私计算的技术融合应用已经成为一大趋势，并在产业实践中得到了一定的应用[33]。

2.5　发展产业，网络和数据安全产业高质量活跃发展

　　当前，数字化、网络化、智能化在更广范围、更深层次上推进，网络安全形势愈发严峻复杂，网络和数据安全产业的基础性、关键性、保障性作用日益凸显，统筹发展和安全，做优、做大、做强网络和数据安全产业，成为夯实维护国家安全的物质基础。

2.5.1　网络安全产业重回高增长

　　根据中国信息通信研究院的统计测算，受后疫情时代经济下行压力加大、网络安全业务拓展和项目实施交付进

程放缓、重点行业推迟或减少网络安全产品或服务采购等因素叠加影响，2022 年我国网络安全产业规模增速有所下滑，平均增速超过 12%。如图 2.3 所示。

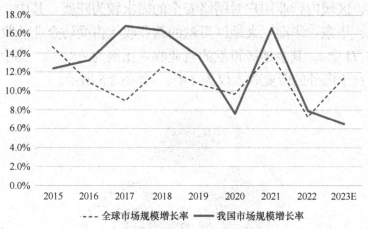

图 2.3 2016～2022 年中国网络安全产业规模及增长情况[①]

产品结构方面，软件产品成为网络安全企业营收的主要来源。网络安全产品主要分为软件、硬件和服务三种形态。其中，常见的软件产品有终端安全、身份管理、访问控制等；常见的硬件产品有防火墙、入侵检测与防御设备等；安全服务包括安全咨询、安全运维、安全集成等。从调研数据来看[②]，受访企业 42.6%的营业收入来源于网络安全软件产品，34.8%的营业收入来源于网络安全硬件产品，22.6%的营业收入来源于网络安全服务，反映了相比原来以硬件为主的安全产品部署方式，行业用户更加注重

① 数据来源：中国信息通信研究院测算
② 数据来源：如无特殊说明，本节数据均来源于中国信息通信研究院网络安全产业调研(2022 年)

软硬结合的优化，如图 2.4 所示。

　　区域结构方面，网络安全企业的营业收入主要来源于华北、华东和华南三大地区。上述区域经济发展水平相对较高，区域内行业用户对网络安全的需求较为旺盛。其中，华北、华东、华南三大地区贡献的营业收入占受访企业总收入的 71.9%，其余地区贡献的营业收入比例为 28.1%，其中，来自于海外的营业收入仅为 1.4%，如图 2.5 所示。

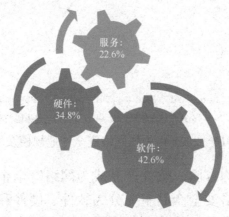

图 2.4　　中国网络安全市场结构

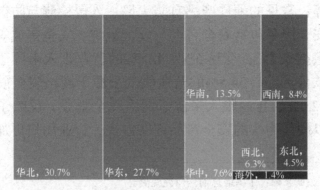

图 2.5　　中国网络安全市场区域分布情况

与 2021 年调研数据相比，华北区域、华东区域市场份额均提升约 5 个百分点，并且华东区域超过华南区域，成为国内第二大区域市场，华南区域市场份额出现明显下降。华北和华东区域市场份额的提升，得益于该区域政府在网络安全方面的发展与促进计划。例如，京津冀、长三角等地区近年来均发布网络安全相关政策，强调保障网络安全建设合理投入，提升地区的网络安全产业创新积极性。

行业用户方面，网络安全企业的营业收入主要来源于政府、金融和电信行业。网络安全企业的用户分布于政府、金融、电信、能源、军工、医疗、教育、交通等众多行业。来自政府、金融、电信三大行业的营业收入总计比例接近 60%，如图 2.6 所示。由此反映出，政府、金融和电信行业在加快信息化、数字化发展进程中，高度关注对网络安全方面的投入，相关的安全建设投资始终位居前列。

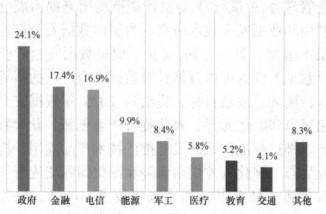

图 2.6　中国网络安全下游客户行业分布情况

与 2021 年调研结果相比，来自政府、电信行业的营收比例小幅下降，来自金融行业的营收提升。近年来，金融行业在数字设施建设和服务模式创新进程中，进一步增加了对网络安全风险的应对要求，例如，金融科技平台安全防护、区块链漏洞治理等，直接拉动相关安全建设支出明显提升。而对于电信运营商而言，为达到《中华人民共和国网络安全法》《关键信息基础设施安全保护条例》等法律法规对电信运营商提出的高安全要求，同时更好地服务于业务转型，其安全能力的构建不再单纯依赖于传统的从第三方采购网络安全产品及服务这种模式。

2.5.2　数据安全产业迎来快速发展期

一是产业发展规划设计日臻完善。发展数据安全产业既是国家数据安全治理体系建设的重要基础，也是发挥数据的基础资源作用和创新引擎作用的重要保障。一方面，《中华人民共和国数据安全法》和《工业和信息化领域数据安全管理办法(试行)》等法律规范均明确提出鼓励数据开发利用和数据安全技术研究，为国内数据安全产业发展提供根本遵循。另一方面，《关于促进数据安全产业发展的指导意见》作为国内具体针对数据安全产业的指导性政策文件，明确了发展目标，提出到 2025 年数据安全产业规模超过 1500 亿元[50]，聚焦提升产业创新、壮大数据安全服务、推进标准体系建设、推广技术产品应用、构建繁荣产业生态、强化人才供给保障和深化国际交流合作七项产业发展重点任务[51]，紧密围绕技术、产品、服务、人才、标准等产业发展核心要素，为数据安全产业发展提供体系化、可落地的实践指引。

二是标准体系建设取得积极进展。我国数据安全标准化工作取得积极进展。在国家标准层面,为了针对性地开展数据安全和个人信息保护国家标准化工作,2016 年全国信息安全标准化技术委员会(TC260)成立大数据安全标准特别工作组(SWG-BDS),现有数据安全国家标准已初成体系。体系涉及基础共性、技术、管理、测评、应用等多个方面,覆盖数据收集、存储、使用、公开、交易、传输、出境等全流程数据处理活动。截至 2022 年底,数据安全国家标准制定项目共 26 项,其中《大数据服务安全能力要求》等 17 项已经发布。2020 年 12 月,《电信和互联网行业数据安全标准体系建设指南》正式发布,明确指导思想和基本原则,提出了标准工作的建设目标,明确行业数据安全标准体系框架和重点领域。2022 年 9 月,TC8 完成组织架构调整,WG3 数据安全工作组正式成立。同时,行业加快亟需标准研制,编制发布《基础电信企业数据安全分类分级方法》《电信网和互联网数据安全通用要求》等标准,并于 2021 年开展基础电信企业行业数据安全标准贯标工作,推动标准应用实施。

三是产业生态建设持续优化。良好的生态是产业发展的沃土。近年来,国内数据安全产学研用各方在行业自律、宣传交流、能力建设、人才交流等方面不断发力,"会、展、赛、训"等活动有序开展,带动技术、产品、服务等要素良性互动,加速构建数据安全产业发展良好生态。一方面,数据安全产业交流活动百花齐放。中国国际大数据产业博览会于 2022 年 5 月在贵阳召开,博览会专设数据安全论坛,重点关注数据安全技术发展、产业生态建设等关键领域，提出从核心技术攻关、创新载体建设、应用示范引领、第三方服务培育、宣传培训等五方面协同发力，形成创新活跃、协同合作的产业发展新局面。2023年2月23~24日，作为在网络和数据安全领域的国家级论坛，2023年中国网络和数据安全产业高峰论坛提出强化网络和数据安全保障体系建设，推动技术和产业创新发展[52]。另一方面，数据安全社会组织纷纷涌现。2022年7月15日，工业和信息化部网络安全管理局指导中国互联网协会组建数据安全与治理工作委员会，推进开展行业研究、标准制定、评估评测、交流培训等工作，促进电信和互联网行业数据安全自律强化。同时，由中国信通院牵头成立的数据安全共同体计划和大数据应用与安全创新实验室在促进产业链各主题交流、优化产业发展生态环境、数据安全产品测评等方面不断发力，助力形成良性的产业发展环境。

四是数据安全创新载体建设有序推进。作为数据安全技术攻关和产品创新的重要组成部分，数据安全重点实验室等创新载体建设步伐加快。一方面，行业主管部门引领数据安全创新载体工作。2022年工业和信息化部认定的二十九家重点实验室中包含了"数据安全关键技术与产业应用评价工业和信息化部重点实验室"和"工业领域数据保护安全测评工业和信息化部重点实验室"两项，体现了行业主管部门对数据安全创新载体建设的重视。另一方面，地方政府与高校、安全企业等主体联合开展创新载体建设。浙江、福建、天津、四川等地方政府大力推进"数据安全实验室""网络与数据安全技术重点实验室"等创新载体建设，与高校、安全企业一道积极开展技术探索和创新融合应用研究，加强数据安全专业人才培育，引导产业各方沟通交流，为国内数据安全高质量发展提供有利条件。

2.5.3 我国网络安全融资态势与全球趋同

2022 年，在经济大环境不确定性增加、资本市场投资信心不足等因素影响下，我国网络安全融资规模震荡下跌，热门融资领域获得较多融资，并且涌现出高成长性企业。据不完全统计，2022 年我国共发生 124 件网络安全融资[①]事件，披露[②]的融资总额约为 78.5 亿元。具体如图 2.7 所示。

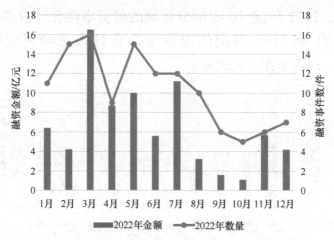

图 2.7 我国网络安全初创企业 PE/VC 融资态势[③]

---

① 仅统计与私募股权投资(PE)和风险投资(VC)相关的融资活动，不包括 IPO、并购、定向增发

② 由于多起战略投资案例未披露交易金额，可能造成该阶段交易总额被低估

③ 数据来源：本节数据均来自中国信息通信研究院相关研究测算

　　从融资事件发生的领域来看，数据安全、软件供应链安全、工业互联网(工控)安全、安全管理与运营是热门融资领域。其中，数据安全领域涌现出华控清交、数牍科技、翼方健数等一批专注于隐私计算的创新企业，为数据安全高效流通赋能。安全服务领域则有一批以威胁对抗、智能攻防为特色的服务型初创企业崭露头角。工业互联网领域，天地和兴、物盾信息、双湃智安、烽台科技等多家企业相继获得高额融资，持续提升业务能力，着力构建工业网络安全产品和服务体系。目前融资主要涉及数据安全、安全服务、工业互联网(工控)安全等15个细分领域，其中，2022年前10大细分领域的融资事件合计占总融资事件的 85.5%，对应的融资金额合计占总融资金额的96%。具体如图2.8所示。

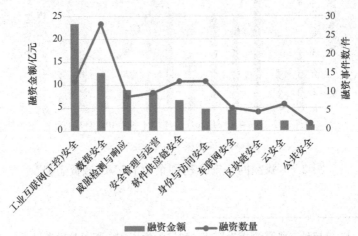

图 2.8　我国网络安全融资前 10 大细分领域分布情况[①]

────────────

① 数据来源：中国信息通信研究院

　　从融资轮次来看，多数集中于早期和中期阶段，且单笔融资金额较小。与 2021 年相比，种子/天使轮融资金额同比增长较大，B 轮及之后各轮融资金额降幅明显。从具体比例来看，2022 年，种子/天使轮融资金额同比增长89%，B 轮及之前阶段的融资金额合计达到总融资金额的54.3%，这说明我国网络安全领域融资仍以早中期为主，对于趋近成熟的网络安全企业支持不足。具体如图 2.9 所示。

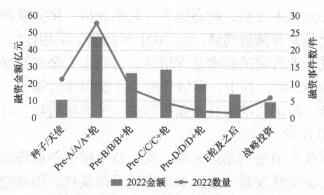

图 2.9　我国网络安全融资轮次分布情况①

　　在并购交易与首次公开发行股票(IPO)活跃度方面，和国外相比，我国相关交易数量屈指可数。据不完全统计，2022 年仅有 5 起已完成的网络安全并购案例，其中，中国移动筹划收购启明星辰，有望在业务领域与网络安全深度融合，实现"1+1>2"的协同效应。典型并购案例如表 2.1 所示。

────────────

① 数据来源：中国信息通信研究院

表 2.1　中国网络安全领域典型并购案例[①]

被收购方	收购方	持有比例	披露时间
弗兰科	安恒信息	100%	2022.11
国泰网信	安天集团	100%	2021.04
万里红	东方中科	78.33%	2021.10

2.5.4　安全新技术和新兴领域布局逐步完善

热点技术方面，动态边界、智能分析、协同联动、安全云化是主要演进趋势。与 2021 年调研结果相比[②]，前三名最受企业青睐的技术是零信任、云原生安全和扩展检测与响应(XDR)，其中，零信任的关注度仍排名第一，云原生安全、检测与响应技术获得的关注度大幅增加。具体如图 2.10 所示。

从技术演进的动因来看，安全技术跟随新形势新威胁的变化适应性发展。整体 ICT 环境升级换代、创新变革，以及攻击技术和安全态势升级，促使安全技术和防御思路不断发展，适应新形势下的安全新需求。结合技术关注度情况，可以看出安全技术正在向以下四个方向演进：一是动态边界，代表性新技术有零信任、安全访问服务边缘等，主要是为了应对网络边界泛化、云网融合等带来的身份与访问风险。二是智能分析，代表性新技术有威胁分析及狩猎、用户实体行为分析等，主要是为了将大数据、人

---

① 数据来源：中国信息通信研究院根据公开信息整理
② 数据来源：如无特殊说明，本节数据均来源于中国信息通信研究院网络安全产业调研(2022 年)

工智能技术与安全相结合，提高威胁情报和数据的利用价值。三是协同联动，代表性新技术有 XDR、安全自动编排等，主要是为了解决无效威胁警报过载、安全运营效率低、安全威胁响应难等问题。四是安全云化，代表性技术有云原生安全、安全即服务等，主要是为了满足云化的基础设施和平台安全防护需求。

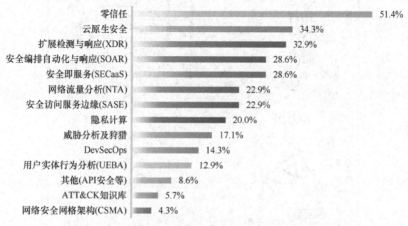

零信任　51.4%
云原生安全　34.3%
扩展检测与响应(XDR)　32.9%
安全编排自动化与响应(SOAR)　28.6%
安全即服务(SECaaS)　28.6%
网络流量分析(NTA)　22.9%
安全访问服务边缘(SASE)　22.9%
隐私计算　20.0%
威胁分析及狩猎　17.1%
DevSecOps　14.3%
用户实体行为分析(UEBA)　12.9%
其他(API安全等)　8.6%
ATT&CK知识库　5.7%
网络安全网格架构(CSMA)　4.3%

图 2.10　网络安全新技术或新理念关注度排名

研发领域方面，工业互联网安全、数据安全等相关技术产品是企业未来三年的重点研发方向。随着相关法律法规的出台，数据安全相关技术的热度大幅攀升，从安全研发内容词云图可以看出，"数据"相关的词频最高，涉及隐私计算、数据流转监测、数据分级分类、数据共享交换等细分领域。目前中国工业互联网产业规模超过万亿元大关，对安全保障的需求与日俱增，因此工业领域的网络安全技术产品也被重点关注，涉及安全靶场、漏洞挖掘、智能防护平台等多个细分领域。此外，零信任、云安全、检测与响应、运营与托管、应用与开发安全等也成为未来三年网络安全企业重点布局的技术方向[53]。具体如图 2.11 所示。

图 2.11　网络安全企业未来重点研发方向词云图

　　领域布局方面，网络安全企业在新兴领域的布局进一步完善。一方面，深度探索新兴技术在网络安全领域的应用；另一方面，积极开展针对新兴场景的安全能力适配，提高安全产品专业化水平。网络安全企业在大数据领域的布局最多，原因在于"大数据+网络安全"具有双重价值属性，在场景范畴中，海量数据的全生命周期安全需求，成为网络安全最具增长潜力的市场；在技术范畴中，大数据、人工智能等赋能安全技术升级，成为提升网络安全产品检测与分析能力的利器。此外，企业在工业互联网安全方面的布局也在持续扩张，据中国信息通信研究院测算，工业互联网安全产业存量规模由 2017 年的 13.4 亿元增长至 2019 年的 27.2 亿元，年复合增长率高达 42.3%[①]，广阔的市场空间为网络安全企业提供了研发驱动力。具体如图 2.12 所示。

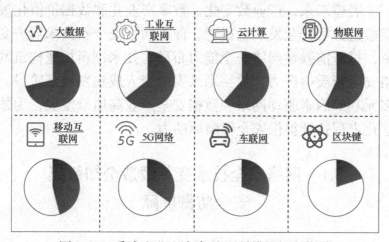

图 2.12　受访企业现有产品已覆盖的新兴领域

――――――――――――

　① 数据来源：中国信息通信研究院. 工业互联网产业经济发展报告 (2020 年). 2020

第 3 章 未 来 展 望

展望未来，产业数字化、数字产业化和数据价值化浪潮塑造数字安全发展新机遇，促进网络安全新技术演进变革，打造前瞻性网络安全能力布局，技术创新加速构筑网络安全新质生产力，数字场景安全步入成熟发展新阶段。多元利好因素驱动网络和数据安全产业高质量发展，为数字化进程持续提供安全保障原动力。

3.1 网络安全技术变革锻造全知敏捷安全防御屏障

3.1.1 全方位技术体系淬炼网络安全攻防能力

近年来，我国遭受的网络攻击愈演愈烈，呈现出潜伏时间长、"后门"利用多、攻击目标"精"、跳板部署广等特征。攻击手段更加复杂多变，规避手法日益精进，攻击媒介更加复杂隐蔽[①]。此外，新型融合性攻击手段不断衍生，诱发更高效、更具针对性、更难追溯的网络安全威胁，对既有网络安全防御能力形成挑战。展望未来，为应对复杂严峻的威胁形势，我国将深耕全方位技术体系建

---

① 信息来源：安全内参. 全球高级持续性威胁总体态势、典型手法及趋势研判. 2023. https://www.secrss.com/articles/58014

设，构建以我为主的网络安全攻防能力。一是网络安全各领域细分技术体系加速构建。网络安全将从传统的事件响应被动防护式向持续智能响应主动防护式转变，构建全面"监测预警、应急处置、追踪溯源"的综合性全流程技术体系，从全局角度统筹引领包括"事前、事中、事后"立体防御、ATT&CK 模型、自适应安全、PDRR 全流程防护等在内的各项技术，以服务化架构的安全技术抵御不断演变的高级威胁。二是以攻促防实践引领网络安全技术发展。充分结合军方力量和社会资源，将军事化对抗思维和社会化攻防经验相结合，建立国家级的网络安全攻防实验室和网络攻击技术库，建立国家级攻防模拟仿真、攻防对抗等实验环境，以国家力量集中优势资源对网络攻防技术进行重点研究，提升国家网络安全事件的整体应对、危机遏制和处置能力。同时，多开展国家层面的、专注具体细分领域的网络安全对抗演习，推动我国网络安全尖端攻防创新能力整体提升。三是自主核心技术创新成果重点突破。以重大、系统性安全风险为出发点，以威胁情报库、病毒库等短板技术领域为切入点。国家层面通过依托高校、专业研究机构成立联合自主核心技术创新项目组，开展技术研发攻关。针对从外部引进的技术，通过持续吸收优化形成再创新成果，构筑自主的核心技术能力。四是战略新兴领域技术重点部署，提前构建防范能力。瞄准虚拟化、物联网、人工智能、区块链等新一代信息技术发展的制高点，依托未来网络技术、高性能计算、人工智能、量子通信等细分领域的高校实验室、科研院所等单位，重点突破智能探测、主动防御等安全保障核心技术，前瞻研究、试验部署安全防护措施，实现引领性原创成果重大突破，增强风险防范和应对能力。

3.1.2　数字安全支撑引领作用加快释放

在数字化、网络化、智能化不断延展生产生活方式的背景下，数字安全成为加快构建新发展格局、着力推动高质量发展的重要支撑，对推进国家体系和能力现代化、维护国家安全和社会稳定发展具有基石底座作用。在数字基础设施保护、安全产业发展、产业链供应链安全等全球性问题上，要把握好国内国际两个大局，充分考虑外部动荡因素，也要统筹好发展和安全两个大局，在保障高质量发展目标之外，数字安全核心能力自身的发展也至关重要。一是凝聚安全共识，持续夯实数字安全战略引领。制定数字安全建设发展路线图，提出数字安全能力建设战略性、目标性、阶段性要求，推动构建数字安全能力评价指标体系，衡量评估数字安全能力建设和发展水平。加快制定数字安全实践指南，持续深化数字安全概念和体系研究，推动业界达成统一的数字安全共识，不断提升行业对数字安全重要性的认识，加强数字安全建设指引。绘制数字安全技术产业能力图谱，加强数字安全技术产业研究，形成数字安全技术产业长短板清单，梳理数字安全技术产业优劣势，明确数字安全重点布局领域和突破方向。二是突出需求导向，系统完善数字安全制度。树立敏捷监管安全理念，数字化发展带来安全边界模糊、安全主体多样、安全问题复杂等新特征，需要针对分化的、跨行业、跨领域的安全需求，提出更加合理、高效的安全治理手段。例如，针对中小企业由于预期收益不确定而不情愿安全投入造成的不想用问题，安全措施上优先分配有限的投入资源的问题，逐步构建"安全服务+保险赔偿"的安全服务新生态，为中小企业投入数字安全建设提供基本性保障[54]。针对企业顾虑违背监管要求、引入重大风险等造成的不敢用的问题，以监管沙箱形成可控试验环境，提高技术落地容错性和风险补偿，通过"监管沙箱""产业沙箱""保护伞沙箱"等构建试优试错机制，提前发现和防控技术应用、产业链合作和管理安全隐患。强化数字安全需求牵引，健全完善数字基础设施、数据要素、产业数字化发展、新兴数字技术赋能等全生命周期安全标准体系。推动制定可落地的数字化安全能力实施路径和部署框架，为广大中小企业安全实践提供指导。充分发挥行业企业先进梯队示范带动效应，定期开展数字安全解决方案遴选推广，培育打造数字安全标杆示范，形成灵活适配的数字安全建设能力。三是激发供给活力，着力构建安全产业创新生态。完善数字安全产业公共服务体系，强化网络安全产业供需对接，加强安全政策、技术、产业、金融等合作对接，加大网络安全创新示范应用，统筹国家网络安全产业园区布局，大力推动安全技术产品创新，推动网络安全产业集聚发展。有效提升数字安全供给服务质量，聚焦网络安全产品和服务低质量、同质化竞争、适用性不强等市场现象，建立网络安全产品和服务能力评价制度，充分发挥网络安全产业公共服务平台、网络安全卓越验证示范中心等第三方平台作用，培育场景化数字安全解决方案，强化安全产品能力评价和验证示范。切实增强供应链产业链安全韧性，聚焦国际科技封锁和突发事件弹性恢复，建立国家产业链安全评估体系，完善安全产业图谱和风险预警机制，加强对于安全技术产品供应链的风险监测和技术攻关，推动国产化数字安全产品服务规模化部署，实现产业链各环节的安全可靠、能力可控，确保数字技术产业本质安全。打造多层次数字安全人才队伍，完善网络安全人才的培养、流动与评价机制，打造安全人才实训基地，定期举办网络安全技能竞赛，加大应用型、实战型技能人才培养力度。

3.1.3 网络安全协同演进趋势持续深化

随着数字化发展逐步深入，云网、算网、链网融合架构不断突破，人工智能、大数据、区块链等新技术的融合应用也可能诱发新型网络攻击，以高级可持续威胁攻击(APT)、零日漏洞攻击、勒索病毒等为代表的新型攻击手段具有更强的隐蔽性、更长的攻击链、更广的攻击范围。以往孤立松耦合的安全能力难以应对，数字化场景下集约化安全能力协同聚合需求显现，驱动单一割裂的安全能力向"识别-防御-检测-响应-恢复"全环节纵向贯通、横向融通的安全能力体系转型。一方面，安全协同技术将持续向更多环节、更深交互突破。网络安全协同技术从单一技术突破，逐步向单个环节内、多个环节间交互突破。安全编排自动化与响应(SOAR)技术作为典型的响应类协同技术，通过智能分析不同的场景需求提供脚本，将孤立的设备及零散的安全响应能力进行智能编排联动，形成智能研判分析、决策响应、事件告警等能力。扩展检测和响应(XDR)技术最早于 2018 年提出，其在 SOAR 基础上，进一步结合了防火墙、入侵检测、安全信息和事件管理

(SIEM)、端点检测与响应(Endpoint Detection and Response，EDR)、网络流量分析(Network Traffic Analysis，NTA)等技术，通过在不同环节的安全产品间共享威胁情报、自动化关联分析情报等，打造一站式安全检测与响应平台，实现快速威胁检测与响应。2020 年，Gartner 提出了网络安全网格架构，通过集成网络框架的思路，实现对客户操作的多种安全服务进行自由编排和协同，围绕接入点设置细粒度的边界替代传统节点之间的固定边界，通过集中式的控制保证安全措施靠近需要保护的网络资产，使用零信任思想实现网络边界的可定义，对网络安全能力进行统一的编排和管理，提高安全能力的组合编排能力，以及可扩展和互操作性[55]。另一方面，亟须夯实安全协同基础，助力打破互操作藩篱。协同对象和协同方式是安全协同的基础元素。网络安全能力是安全协同的最基本对象，也是安全产品、组件、服务等对外发挥安全效用的最基本元素。尽管行业尚未对安全能力的细分界定和定义形成统一认知，但美国国防部、美国国家标准与技术研究院等已推出 P2DR、PPDR、IPDRR 等通用安全能力框架。如 IPDRR 作为"风险识别-防御-安全检测-安全响应-安全恢复"的闭环安全能力框架，最早于 2014 年由美国国家标准与技术研究院提出并不断完善，实现从"针对威胁的安全防御"向"面向业务的安全治理"转变，通过持续的安全检测来实现安全闭环，形成自适应的安全能力。自 2022 年起，ITU-T SG17 安全研究组已启动对细分安全能力的标准化工作 X.secadef，为网络安全产品划分安全能力单元以进一步开展能力协同提供依据。此外，国内外也在加快推动安全信息共享和操作交互等安全协同方式的标准化和实践工作，其中信息共享领域已形成 TAXII、STIX、OpenIOC 等代表性标准并开展广泛的实践应用，安全操作交互领域已形成 OpenC2 等标准，但相关标准体系仍在建设过程中，并有待在应用实践中不断完善推广，以打破安全互操作壁垒，推动安全协同技术架构落地[56]。

3.1.4　内生安全打造无处不在的安全屏障

随着数字化发展下云网、云边、算网等新融合架构加速应用，传统静态固定式的网络结构逐步演进，网络交互和组网方式更加动态，网络服务进一步开放，设备形态由单一物理机向存储、计算和网络虚拟化方式转变，传统边界式的防护体系受到冲击，威胁从单点突破网络边界后，能够渗透至网络内部发起内网横向移动和网络攻击，对特定目标或资产发起分布式拒绝服务攻击(DDoS)，如果在网络中预置威胁或后门，能够进一步实现 APT 攻击。在此情况下亟须扭转以往外挂静态的防御思路，构建内生安全防线，实现与安全保护对象和风险的动态自适应安全保护。以零信任网络访问(Zero Trust Network Access，ZTNA)、持续自适应风险与信任评估(Continuous Adaptive Risk and Trust Assessment，CARTA)为代表的安全框架通过对身份、上下文行为持续信任评估，实现对业务的自适应动态访问控制，近些年在概念演进的同时也加快应用落地。据全球咨询服务公司 ERM 预测，零信任安全市场正以 17.3% 的年复合增长率增长，从 2021 年的 229 亿美元增长到 2027 年的 598 亿美元。2022 年 11 月，美国国防部发布了《国防部零信任战略》和《国防部零信任能力执行路线图》，旨在于 2027 年之前为国防部的数据、应用程序、资产和服务提供基于零信任的安全保护，明确了战略愿景、战略设想、战略目标以及执行方法等。此外，面对扩大的安全暴露面，为争取攻防对抗的主动性，采用DevSecOps、安全左移等技术思路将安全前置，将安全融入到设计、开发、应用、部署、运维的每一个阶段，实现安全在网络单元、软件系统中内生。例如，5G、6G 等网络架构在网络系统单元的设计之初就考虑融入安全能力，可将 IPDRR 各类安全能力融入到网元内部，将安全防线从外置转为内生，构建网元原生的资产识别、入侵检测、异常监测、威胁告警等安全能力，根据网元通信矩阵、网元类型、业务类型等业务确定性知识形成核心基础访问控制策略，对关键业务节点进行安全风险评估，在网元侧实现快速的检测响应。

3.1.5 韧性安全技术将成为数字基础设施的重要安全目标

数字时代网络攻击、功能安全等风险问题蔓延交织，以关键设施运行瘫痪、服务中断为目的的网络攻击、物理破坏对国家和社会安全危害极大。亟须以韧性为目标，构建数字基础设施全生命周期韧性能力。相比网络安全，韧性能力更加注重在防护失效或者系统崩坏情况下的网络功能和业务持续运行能力。产业界对于"韧性"概念的必要性的认识达成了基本共识，即要达到完全 100%的防护是不现实的，必须考虑就算防护失效，还能够采取恰当的补偿措施，以确保遭受攻击后，网络仍然能够维持运转。美国国家标准与技术研究院将网络韧性定义为"使用网络资源的系统，或者被网络资源使能的系统在面对不利条件，承受压力、攻击或者损害的时候所展现出来的预测、承受、恢复和适应能力。"美国 2023 年 3 月发布的《国家网络安全战略》显示，美国政府将优先考虑可防御和具有韧性架构的技术研究和开发，减少网络底层技术漏洞，以确保网络安全。2023 年 10 月 5 日，英国、澳大利亚、加拿大、日本和美国等五国相关政府部门宣布组建全球电信联盟，发布《全球电信联盟联合意向声明》[①]，表明要共同构建具备安全和韧性的电信网络。由此可见，未来需要构建以韧性为目标的数字基础设施韧性能力，充分预防各种不利的外部威胁挑战，保障在极端情况下的网络和业务正常功能。

3.2　数字场景安全能力向成熟化体系化方向迈进

3.2.1　5G 应用安全供给支撑能力持续锻造

一是 5G 应用安全关键技术产品创新应用。针对较低安全需求的行业应用，基础电信企业在 5G 专网建设过程中将安全产品和能力快速部署，如 5G+行业可信接入产品、5G 专网运营安全管理系统、边缘计算数据安全监测与管理平台等，既能有效保护运营商网络的安全性，也能借助信息通信行业的安全水平提升行业应用整体网络安全

---

① 数据来源：https://www.gov.uk/government/publications/global-coalition-on-telecommunications-joint-statement-of-intent-between-uk-australia-canada-japan-and-us/global-coalition-on-telecommunications-joint-statement-of-intent

水平；针对高安全需求行业应用，面向垂直行业园区、本地用户面功能(User Plane Function，UPF)/多接入边缘计算(MEC)、网络切片和能力开放等应用安全关键问题，5G零信任、内生安全等核心安全关键技术创新突破，区块链、隐私计算、人工智能、量子密码等技术的应用逐步提升，模板化5G应用安全标杆方案加速研制。

二是5G应用安全标准体系逐渐建立健全。针对5G应用安全解决方案存在较大差异性，难以收敛和规模化推广的问题，5G行业应用安全标准体系研究加快推进。一方面，面向行业应用场景共性安全需求的基线安全标准逐步制定，适用于5G+教育、5G+文旅、5G+电力低安全需求场景等，为运营商建设安全的5G专网提供依据。另一方面，面向5G+工业互联网、5G+电力高安全场景，运营商与垂直行业合作制定满足行业个性化安全需求的增强安全标准，通过标准化的安全要求形成跨行业安全方案和安全能力的统一共识。

三是5G行业应用安全测试评估与验证深入开展。针对5G融合应用安全解决方案的有效性，持续加强5G应用安全测试验证手段能力建设，强化面向5G网络切片隔离、网络协议漏洞、边缘计算、网络边界隔离等应用安全功能和安全保障能力测试，制定符合行业应用安全要求的测试验证方法，加快国产5G安全检测工具研发，并将安全检测方法和工具运用到5G融合应用安全相关研发和管理的测试验证中，提升5G应用端到端安全水平测试验证能力。

四是5G行业应用安全供需对接不断深化。依托5G应用安全创新推广中心，通过"案例征集-方案提升-标杆打造-供需对接"的模式，面向重点垂直行业推广 5G 应用安全优秀案例，充分发挥推广中心的引领作用和辐射带动效应，5G 应用安全方案规模复制推广模式逐步建立健全，供需双方良性互动不断加强，以需求牵引供给，以优质有效的供给满足和创造需求，两者结合的巨大潜力逐步释放。

3.2.2　工业互联网安全综合技术保障水平将稳步提高

一是工业互联网供应链安全将得到更大关注。工业软件已经成为支撑工业互联网正常运转的核心要素，工业互联网软件的安全性已经成为保障工业互联网正常运行的根本性、基础性问题[57]。随着软件技术的进化演变，工业互联网软件及平台设备供应链的安全问题也越来越被重视，可以预见针对工业互联网软件供应链及硬件供应链，将形成更成熟的分析、监控体系，同时，也将在可能的情况下，实现重要软件组件、数据库、操作系统以及重要核心芯片的国产化替代，实现工业互联网平台及系统的供应链安全可控，进一步保障工业互联网的安全建设。

二是工业领域数据安全保护是安全保障重点。工业领域持续面临复杂的数据安全形势，我国对工业数据安全保护高度重视，陆续发布了《加强工业互联网安全工作的指导意见》《工业大数据发展的指导意见》《工业和信息化领域数据安全管理办法(试行)》等政策文件，将数据安全作为工业互联网安全保障的重点[58]。此外，结合人工智能、区块链等技术应用，工业领域数据安全管理体系将加快形成、标准将加速制定、产业将加速发展[59]。

三是工业互联网安全集聚创新发展凸显将持续提升供

给效能。工业互联网产业联盟、工业互联网安全"领航"计划、中国通信学会工业互联网委员会等创新载体平台活跃，在工业互联网安全技术研究、标准研制、服务供给等多方面协同布局，有效引领工业互联网产业安全建设，政产学研用资等资源持续汇聚，供需对接不断深化。未来，工业互联网产业联盟、行业协会、专业机构等将持续围绕工业互联网设备、网络、控制系统、平台、工业 APP 等设施设备，提升安全能力评估评测和认证服务水平，促进工业互联网安全产品供给能力提升。工业互联网产业联盟将持续组织行业、企业共同编制"工业互联网安全优秀案例汇编"，为行业安全防护应用提供参考。同时，地方和重点行业将加快推动工业互联网安全评估体系应用推广，开展工业互联网安全评测机构认定，增强各地方专业服务机构储备，提升安全专业化公共服务水平，建立以安全服务为导向的良性发展生态。

四是工业互联网安全深度行活动将有效带动地方安全保障能力提升。为了在全国范围内掀起一股工业互联网安全深度行活动的浪潮，工业和信息化部于 2022 年 5 月 13 日发布了《关于开展工业互联网安全深度行活动的通知》，积极开展网络安全分级管理工作，在 20 多个省市自治区上千家企业中开展了网络安全深度行活动。政策标准宣传、资源池建设、应急演练、人才培训、赛事活动等工作全面落地，推动地方产业互联网安全保障能力加速提升。

五是工业互联网安全架构进一步向动态智能、可信可控方向发展。工业企业的应用、管理平台和控制系统逐步云化，工业生产的方式也向智能化、信息化演进，对网络安全防护能力提出了更高的要求。人工智能、区块链、大数据等新型信息技术将在工业网络中进一步得到应用，技术的风险也引入到了工业网络，可能引发频繁、隐蔽的网络安全攻击。因此，需要构建纵深式、智能化的工业网络安全防护模型，利用智能数据处理等技术识别网络与数据安全风险，从单点防护转变为协同式防御能力，保障网络各环节可信、可控，总体实现风险可感知、可控制、可处置[59]。

3.2.3　车联网安全保障体系向全面、按需、实战方向迈进

一是车联网安全能力从单点到全链条体系化发展。随着车联网智能化、网联化发展，车端、云端、管端等不同层级的联网设备不断增多，网络安全风险的扩散性不断加速，车联网安全风险愈加严峻和复杂。传统面向车辆终端、服务端等单点漏洞的车联网安全能力建设无法满足车联网安全需求的演进，亟须研究完整、可靠、连续的车联网安全保障体系。该体系需要考虑硬件、软件、服务、管理等多个方面，涉及数据采集、网络传输、数据处理、数据存储等环节的全链条、体系化安全保障，向协同防御及智能化防御两个维度进行转变。一是实现协同防御，通过车、管、云等多方联动，实现车辆异常状态的全面实时感知，将安全威胁的发现过程前置，突破被动防御的局限性，实现主动前瞻性防御、多方联动安全能力增强；二是实现智能化防御，通过大数据分析、人工智能等手段，深度挖掘安全威胁的特征，将智能分析技术与车联网安全技术深度融合，实现全链条、智能化的安全威胁感知，全面增强车联网安全能力。

二是车联网安全解决方案从通用安全向按需安全转变。在车联网安全领域，传统的安全解决方案主要依靠通用的安全技术，针对典型的安全漏洞和安全实践进行安全方案的设计。但随着车联网网联化程度不断深入，行业漏洞激增、行业安全诉求愈加差异化，这种"一刀切"的通用安全方案已经不能满足对车联网应用场景的安全需求，亟须完成从单一化、通用化到按需设计、一事一议的安全解决方案转变，以确保车联网行业安全应用[①]。具体来说，需要从网络服务层面及技术策略层面考虑车联网需求，开展防御方案的转型。一是实现网络服务层面的安全解决方案按需设计，针对网络切片、网络功能虚拟化等新技术带来的服务化网络架构演进，考虑差异化服务对安全能力需求的分离，以实际应用需求为驱动，结合服务类型形成特定的安全解决方案；二是实现技术策略层面的安全解决方案按需设计，面向场景解构车辆类型、业务类型、重要区域、特定接口等关键要素，深度分析安全需求、挖掘并评估安全漏洞，充分考虑安全性、高效性、隐私性等多维指标，选择相应技术构建适应性的防御策略。

三是车联网安全技术从泛化理论分析到实战验证演进。在车联网领域，传统的安全技术研究大多从现有安全隐患出发，总结相关特点开展泛化理论技术研究，进而推广和完善标准与技术方案并开展验证。然而在实践中，泛化理论的结论通常难以满足实际需求，唯有多维度和多角

---

① 数据来源：360 智能网联汽车安全实验室. 2022 智能网联汽车信息安全研究报告. 2022

度的实战验证才可能解决车联网中各种各样的安全隐患。同时，车辆高速移动性带来的人身安全、交通安全等风险，使得实战验证存在较高的行业技术门槛，理论与实战的联动性不强，亟须打破行业壁垒，实现泛化理论分析与实战验证的双向驱动。该目标不仅需要从技术层面开展开源共享，提供技术革新保障，还需要从应用层面开展实践验证，提供技术优化驱动。一是需要完善技术共享机制，注重信息共享和行业合作，促进行业专业人才交流和技术创新，推动车联网安全技术的不断发展和完善，建立开放式的安全技术交流平台，拉齐基础安全能力，降低实战验证的行业门槛；二是建立技术研究与实战验证的闭环体系，加强理论和实践结合，及时总结实践中发现的安全问题，反馈到理论研究，进一步完善安全标准及技术方案，并重新进入实战验证环节进行测试，以此不断反哺优化安全技术与安全体系，不断提升车联网系统的安全性，保障车联网系统可靠、高效地运行。

3.3　前瞻性安全布局成为新兴融合技术发展关键前提

3.3.1　网络安全基础技术加速创新发展形成新质生产力

随着新一轮科技革命数字化、网络化、智能化发展，网络安全领域的范围和作用也在发生演变。在范围上，网络从传统的人与人通信延伸到人与物、物与物的泛在连接，加速与物理世界融合形成网络物理融合空间，安全影响也不仅局限于网络空间的通信与传输安全、数据安全，而是向物理世界的生产安全、生活安全、社会安全甚至国家安全等方面加速渗透，网络安全被赋予了更高的使命和战略意义。习近平总书记在中共中央政治局第十一次集体学习时强调，"发展新质生产力是推动高质量发展的内在要求和重要着力点"。以高水平安全促进高质量发展，网络安全既要发展成为新质生产力，也要构建本身的先进生产力。在作用上，网络安全是创新发展新质生产力的"纽带"，以高水平安全促进高质量发展，为新质生产力发挥效用护航保驾。同时，通过加快网络安全科技创新，加快构建网络安全先进生产力，加快成为新质生产力的关键要素，为新的社会生产注入巨大动能。当前，可信内生作为网络安全技术创新发展的重要方向，正在加速推动网络安全新质生产力发展。

网络可信技术成为未来网络演进的安全特征。在可信接入、可信计算、可信数据和可信管理等方面加速形成技术体系。一是可信接入。软件定义边界(Software Defined Perimeter，SDP)、零信任、安全访问服务边缘(Secure Access Service Edge，SASE)等为代表的差异多样性可信接入技术保障用户接入访问安全，根据2022年5G绽放杯应用安全赛道数据统计，具备零信任能力的客户前置设备(Customer Premises Equipment，CPE)、网关和边缘计算等产品已在5G+工业、5G+能源等行业落地应用。二是可信计算。当前全球供应链多元化、开放化趋势凸显，导致云/虚拟化设施软硬件的可信问题成为关注重点，传统基于可信平台模块和可信执行环境的可信计算技术将成为云/虚拟化组件信任的可行解决方案，通过TPM可信根在虚拟化组件之间形成信任根传递，结合远程证明方式对虚拟化设施进行可信验证，确保虚拟化设施整体可信。三是可信数据。多种保障数据全生命周期可信的技术将快速实现和应用，例如，可信时间戳、数字水印等技术保障数据源头可信，密码算法/协议保障传输可信，多方计算技术实现不可信节点间的隐私数据共享可信，区块链技术实现数据可信存储/取证溯源，这些技术将促进数据在网络空间中可信交互，形成可信数据空间。四是可信管理。传统安全监测、审计与分析技术正在演进成为可信管理的基础，例如用户实体行为分析能提供画像及基于各种分析方法的异常检测，发现与用户、主机、应用程序、网络、数据库等标准画像或行为相异常，确保系统资产运行和用户行为全过程可信。

内生安全技术将不断创新发展落地。我国积极探索研究可信内生原创性理念和技术，形成多条技术路线。内生安全已成为我国产业界新时代网络安全体系构建的共识目标，但是其概念、范式和技术体系目前尚未完整和统一，整体处于探索研究阶段。我国提出较多原创性理念和技术，形成多种技术路线：在网络产品层面，注重安全功能嵌入网络，提升内生安全能力。例如，中国移动提出将"安全面"引入下一代6G移动通信网络，网络内生身份管理认证、安全感知与主动防护以及柔性安全能力重构编排等安全能力。华为提出基础设施内生安全架构，通过构建可信执行环境，建立整体通信和网络产品底层元器件、操作系统、虚拟化组件和上层应用之间的信任链，保护敏感数据，防范软件包被篡改。在安全服务层面，注重安全与业务的内生融合。例如，奇安信将漏洞发现、安全监测、应急处置、防病毒、数据保护等安全能力与业务适配融合，实现业务流程与多种安全能力相互作用和融合部署，为客户提供内生安全服务。在网络设计层面，通过网络结构化安全设计形成内生安全能力，强调通过利用网络本身的结构提供内生安全能力。例如，紫金山实验室提出拟态防御架构，通过增加网络冗余性避免特定网络被攻击失效后导致网络中断，鹏城实验室提出以人体特异性免疫和非特异性免疫机制为基础，对网络威胁进行发现、识别、学习认知和清除，达到网络威胁免疫效果。

3.3.2 人工智能安全管理伴随技术应用风险持续更新迭代

一是 ChatGPT 等人工智能大模型面临新型安全攻击。ChatGPT 等大模型已成为人工智能技术主要发展方向，并且其可比拟操作系统的战略性地位将对人工智能产业生态产生颠覆性影响。大模型全新的人机交互模式、可扮演的复杂任务调度角色等新特点，将催生新型安全攻击方式。ChatGPT 等大语言模型以文本提示词为输入，攻击者可以针对文本提示词进行注入攻击，具体包含两种实现方式。一是利用提示词注入攻击直接威胁大模型自身安全，迫使其输出恶意输出，从而造成公众的不信任。二是利用提示词注入攻击威胁基于大模型的软件应用安全，例如，微软将 GPT-4 大模型引入 Bing 搜索引擎，搜索引擎检索出的信息作为提示词，输入到 GPT-4 大模型中处理，再产生输出结果。因而，攻击者可以在互联网中留下恶意提示词，从而迫使检索到恶意提示词的大模型产生恶意输出，影响 Bing 搜索引擎反馈结果质量。从安全防御来看，由于

ChatGPT 等大模型的提示词具有非结构化和开放的特性，而且很难将用户输入与恶意提示词本身分开，因而当前提示词注入攻击防御是非常具有挑战的任务。使用规则限制用户输入、增加安全提示词、对生成回复进行安全检查等现有常见安全防御方法效果有限。

二是人工智能安全管理走深向实趋势明显。为防范人工智能技术潜在风险，全球主要国家积极探索总结治理经验，细化落实人工智能安全治理布局。欧美构筑国家级法律，为人工智能安全管理提供顶层安全机制要求，我国更侧重于细分领域人工智能安全管理，属于具体问题回应式的应急式管理模式。欧盟《人工智能法(草案)》以分类管理视角针对禁止、高风险、非高风险三类人工智能系统分别加以监管，对于禁止类人工智能系统，严禁在市场投放和交付使用；对于高风险类人工智能系统，开展全流程监管审查，包括安全评估、风险管理、数据治理、日志留存、监测和事故报告等；对于非高风险类人工智能系统，仅需满足最低限度的透明度要求[60]。美国《算法责任法》草案要求企业在使用算法做出关键决策时，对偏见、有效性和其他因素进行影响评估①，围绕算法风险评估主体、评估内容、评估信息公开等建立风险评估指引。国内以《互联网信息服务算法推荐管理规定》《互联网信息服务深度合成管理规定》《生成式人工智能服务管理办法(征求意见稿)》构筑细化的人工智能安全管理框架，明确备案、实名制、内容标识、安全评估、问责等具体落地管理举措，

---

① 数据来源：数据法盟. 美国《算法责任法》草案发布，附全文. 2022. http://weixin.100md.com/html/datalaws/202203080542.htm

并开展安全管理实践工作。可见，全球人工智能安全管理已经从原则性安全要求框架向具体落地管理方式进行发展演变，逐步深入管理策略和治理机制，治理方式逐步完善，监管体系不断丰富。未来随着新型人工智能技术和应用的不断涌现，对应的管理策略和管理手段将随之更新迭代，以更好地构建与技术发展相匹配的安全管理生态。

3.3.3　6G 网络安全候选关键技术和技术标准将加快形成

一是 DOICT(Data, Operation, Information and Communication Technologies)技术的发展成熟将赋能 6G 安全。人工智能、软件定义安全、区块链等技术的发展，将在 6G 场景中发挥安全作用。6G 基于海量数据的采集和计算，利用人工智能来自动识别或响应潜在网络威胁，实现恶意样本检测、恶意流量检测、恶意域名检测、异常检测、网络钓鱼检测与防护、威胁情报构建等，提高网络威胁检测能力。软件定义技术为安全功能的虚拟化编排和按需服务提供了可能，通过将安全功能抽象为安全资源池里的资源，统一通过软件编程的方式进行智能化、自动化的业务编排和管理，从而通过安全功能编排重构实现灵活按需的安全防护。此外，区块链技术为 6G 的安全可信增强、多方信任模型、运营管理都提供了新的思路和更多的可能性，通过非对称加密等密码学机制，为节点提供隐私保护能力，并可以与身份认证结合，可实现身份自主管控，解决 6G 多方信任管理、跨域信任传递、海量用户管理等难题。

二是安全关键技术的突破将提升 6G 安全保障能力。传统网络和数据安全关键技术需要持续突破，并在 6G 场景中运用。物理层安全技术从无线信号中挖掘提取反映具有不同时空环境的信道异构性、空时频资源的冗余性、无线传播环境变化的动态性的内生安全元素，利用智能超表面技术、超大规模 MIMO 等 6G 增强型无线空口技术，提升无线信道的动态性和随机性，通过信道指纹实现认证和加密以对抗无线环境的安全威胁。6G 需要突破抗量子攻击的密码算法保证信息安全性，突破基于格、基于编码、基于多变量及基于哈希的密码体制，并探究基于量子密钥分发的数据加密安全应用。针对 6G 系统设计中的广义功能安全问题，运用拟态安全技术使 6G 网络具备内生安全和韧性能力，采用可重构异构体实现和多模裁决机制提升网络对广义不确定扰动的防御能力，应对 6G 网络不确定的已知和未知的漏洞威胁。此外，面对 6G 通感一体化等场景下的隐私保护需求，隐私保护计算技术能够支持在加密状态数据下的计算处理，实现多参与方数据交换过程中的隐私保护，例如，多方计算实现不可信节点间的隐私数据共享，同态加密技术实现对密文的计算处理，差分隐私能够通过加扰等方式实现对数据集的有效保护。

三是解决安全关键技术的应用难题将是未来重点研究方向。6G 在安全关键技术方面已初具雏形，但技术体系仍然较为零散，各类技术的发展成熟度也不同，安全技术的可行性、有效性、可用性等问题仍待验证。一方面，应重点关注安全关键技术如何在 6G 网络空天地一体化、通感一体化、数字孪生等场景中发挥作用，实现安全技术的高可用性。另一方面，应加快 6G 潜在安全关键技术遴选和突破，产业研共同协作形成 6G 安全可行的技术路线，分场景、分特点形成技术体系，并着重解决安全关键技术在 6G 多节点(如接入节点、边缘节点、核心节点)中的部署且不显著增加节点开销的难题。

四是 6G 安全技术标准将同步 6G 发展加快形成。当前 6G 安全标准化的问题在于产业界各方针对具体的 6G 场景和关键安全技术路线尚未收敛，目前全球许多标准化组织正在推进网络和数据安全标准，例如，NIST 的后量子密码算法标准、欧洲电信标准化协会(European Telecommunications Standards Institute，ETSI)的人工智能安全标准，以及 CCSA 的区块链安全、内生安全、拟态防御等技术标准。随着 6G 愿景和网络场景的明确，安全技术标准也将与网络发展同步推进，以内生安全为基本思想，促进形成网络架构与安全设计相结合。此外，例如，后量子密码与现有 TLS、SSH 等安全协议的适配问题，物理层安全机制如何与 6G RAN 标准的协同优化问题，也将成为标准组织推动 6G 安全标准研制需要关注的重点问题。在全球聚焦 6G 发展的形势下，国际各标准组织也会加强协同合作，统筹考虑 6G 业务场景、网络、安全协同设计，6G 安全技术标准也会加速形成。

3.3.4 算网安全研究与算网应用部署同步发展

数字化应用下，带来了百亿级联接、爆炸式数据增长，对计算架构的海量数据处理分析能力和实时网络传输能力提出了更高的要求。据罗兰贝格咨询公司预测，从 2018 年到 2030 年，自动驾驶对算力的需求将增加 390 倍，智慧工厂需求将增长 110 倍。据 IDC 报告，全球数据总量 2020 年约为 53 ZB，2025 年预计达到 175 ZB。为满足不断倍增的算力和网络需求，算力网络在云网融合的基础上进一步深化和升级，在传统的通信网络基础上引入算网大脑作为编排管理中心，对全网算力进行均衡配置，实现算、云、网之间的功能协作，突破单点算力的性能极限，以网强算、以算促网，成为产业界关注的热点。

算力网络与传统网络相比，具有管理面集中调度、多网融合等特点。一是算力网络存在资源聚集引入高价值安全风险点。算力网络调度服务层作为全网资源调度中心，实时维护全网算力节点 IP、路由、域名等重要资源，实现对全网算力统一调度，占据"牵一发而动全身"的重要位置。基础设施信息的大量集中存储，增加了黑客对编排管理层进行攻击、窃取或篡改数据的风险。例如，若攻击者劫持管理面数据库，获取算力节点拓扑锚定关键节点，可定向发起攻击使关键节点失效，计算服务只能委派至低效能的边缘计算节点，可能导致计算作业失败，甚至逐步压垮各类计算节点，导致算力网络服务瘫痪。二是多网融合引入攻击横向扩散风险。算力网络架构具有电信网、互联网、数据中心直连网等多网融合的特点，承载算力业务的数据跨域流转、交互调度，面临跨域身份动态识别、可信隔离等安全问题，攻击者若通过重放、伪造身份标识等方式伪装节点通信，可能造成跨系统未授权访问，击穿业务系统。若授权访问等网络安全动态防护环节存在缺陷，则将导致恶意访问安全风险。三是新兴网络技术在赋能算网的同时，其潜在的技术风险防范能力有待完善。例如，基于 IPv6 协议的 SRv6 源路由机制协议，可大幅提升算力网络路由灵活性，在算力网络中得到了广泛应用，其自身在网络路由、节点管理等方面存在安全风险，面临窃听、篡改、仿冒、DoS 等攻击。

目前，国内外在深入开展算力网络的技术研究、标准化研究、应用探索外，也逐步开展对算力网络的安全风险、安全框架、安全标准化等相关研究。在通用标准方面，2021 年 7 月，ITU-T SG13(未来网络研究组)通过了国际标准《Y.2501：算力网络框架与架构》。在安全标准方面，2022 年 5 月，CCSA TC8 WG3 立项行业标准《算力网络数据安全通用要求》，规定算力网络数据安全相关要求；2022 年 12 月，CCSA 完成研究课题"算力网络安全需求及关键技术研究"，重点围绕基础设施安全、编排调度安全、数据安全与运营服务安全等方面开展安全风险分析与技术研究[61]。

3.4 数据要素化助推数据安全技术和应用加速发展

3.4.1 数据安全治理走深向实带动技术发展

一是数据要素化激发技术保障内生动力。数据安全技术产品的研发创新，不仅是国家数据安全治理体系建设的重要基础，也是推动数据基础设施建设、数据安全可信流通和释放数据要素潜能的重要保障[62]。"数据二十条"探索推进数据产权、流通交易、收益分配、要素治理四项基本制度及相关保障措施，鼓励推动数据要素相关技术和产业应用创新。国家数据局是国家发展和改革委员会管理的机构，于 2023 年 10 月 25 日正式揭牌，由国家发展和改革委员会管理，主要职责是负责协调推进数据基础制度建设，统筹数据资源整合共享和开发利用，统筹推进数字中国、数字经济、数字社会规划和建设等，彰显了国家对数据的生产要素和资源属性的认知更为深入[63]，有利于解决当前数据分散治理问题，集中各方资源全面推进数字中国建设，也为数据安全技术和产业发展带来重大利好。未来数据安全技术将不断发展创新，进一步提供底层支撑和产业保障。

二是监管要求落地驱动数据安全技术快速发展。随着《中华人民共和国网络安全法》《中华人民共和国数据安全法》《中华人民共和国个人信息保护法》等法律颁布实施，相关配套制度与规范陆续发布出台，数据安全制度基础进一步夯实，数据安全风险监测能力建设提升，相关系统的技术攻关和试点验证陆续开展，将有效拉动技术向监管看齐，带动行业数据安全技术能力整体提升，为监管工作提供技术保障和基础支撑。同时，对数据分类分级、数据安全合规体系建设、数据流通安全和利用等相关监管要求，不断催生合规新需求，驱动数据安全技术发展，将加速拉动产业成长。面向监管要求的数据安全技术、产品和服务加速发展，不断适应合规要求，提升行业数据安全技术能力，技管结合保障数据安全。此外，数据出境安全相关制度法规的落地出台，安全认证、安全评估和标准合同三种合规路径将带动数据跨境流动相关技术发展。

三是产业支持政策落地实施提供技术发展保障。除了国家战略层面的政策利好，随着《关于促进数据安全产业发展的指导意见》发布出台，相关产业支持促进措施将加速布局、落地实施，进一步为数据安全技术和产业发展提供政策指引。在技术攻关方面，指南规范陆续发布，相关攻关专项将围绕数据安全关键技术痛点难点不断推进。针对数据安全重点实验室、技术创新中心等创新载体的建设方案落地完善，围绕整合研究力量和资源配置，提升技术攻关能力和效率等重点，有效激发技术创新积极性，成果产出不断涌现。对于技术攻关的成果转化和产品研发的引导性措施进一步强化，各类优秀案例、创新主体遴选活动组织开展，示范应用作用牵引技术应用和产品效能有效提升，产业化能力迅速发展壮大。

3.4.2　数据安全技术发展和应用创新加速起跑

一是数据安全重点技术进一步攻关突破。在产学研用多方努力下，数据安全技术有望在智能化、高效化方面实现突破，产品创新能力进一步增强。数据安全关键技术瓶颈攻关进一步推进，数据安全基础理论研究持续加强，数据识别、分类分级、数据脱敏、权限管理等共性基础技术难点有序突破，技术产品智能化和易用化水平有效提升。隐私计算、数据滥用分析、隐私合规检测、数据水印等技术的可用性和适用性问题逐步探索解决。

二是安全理念迭代更新将激发技术创新活力。一方面，企业的安全理念逐步由"合规驱动"向"自发建立"转变，一定程度上缓解落实数据安全要求积极性不高、投入比重不大、持续性不足等问题，带动激发技术创新能力，驱动数据安全技术与应用快速发展。另一方面，数据安全技术和新兴 ICT 技术的融合创新持续增强，数据体量扩张催生新的安全解决方案，随着 5G、物联网、元宇宙等领域兴起并快速发展，新兴信息技术与生产生活不断融合，数据体量持续扩大，倒逼数据安全解决方案与人工智能、区块链、自适应等技术结合，持续迭代更新[64]。

三是需求牵引数据安全技术应用不断创新。数据安全技术产品供给水平持续增强。未来随着数据要素化不断推进，数据经济的新业态新模式不断涌现，数据安全产品将面向安全防护需求、数据利用需求、重点行业需求持续改良创新。需求牵引将大大激发数据安全技术创新活力，面向重点领域特色需求，聚焦典型应用场景，精细化、定制化、专用化产品和服务的开发应用进一步增强，面向数据安全防护与业务深度融合的特点，供给侧和需求侧对接有效强化，契合业务安全需求的数据安全产品和服务将推陈出新。

3.4.3　隐私计算技术发展和融合应用前景广阔

一是隐私计算技术性能进一步提升。从理论积累到技术方案，再发展到通用技术平台，目前隐私计算技术正在向产品标准化、性能提升发展，加速推动隐私计算产业化大规模应用。未来，隐私计算技术将更多地面向应用场景需求，针对性能提升优化方案将逐步研发推出。例如，化解安全多方计算恶意模型中的性能损失问题，在通过硬件加速提升全同态加密中的计算效率等问题。

二是多技术融合应用加速隐私计算发展。多技术的融合可以突破隐私计算单类技术瓶颈。同时，软硬件技术的协同发展，也将大大提升产品可用性，推进隐私计算技术进一步向前迈进。隐私计算与算力网络等技术相融合，在算力网络中形成可运营的安全服务能力库，储备算网环境下数据"可用不可见""可用不冒用""可用不滥用"技术方案与能力，实现对隐私计算能力的按需调度与编排。

　　三是隐私计算技术应用场景进一步拓展。隐私计算的实践落地正在由传统场景延展到新兴场景中，呈现场景多元、融合应用迸发的趋势，未来将从金融、互联网、政务等领域不断拓展，覆盖电信、医疗、工业、汽车、军工、零售、教育等多个领域[65]。同时，隐私计算在数据交易所的相关应用也在积极探索中，未来有望改变现有数据交易模式与产业格局[33]。此外，隐私计算技术开源将进一步促进技术发展、普及及应用推广。跨技术路径、跨系统平台之间的隐私计算的互联互通问题将被积极探索，基于互联互通的框架、标准、接口、路径与生态等将逐步攻关，相关实施方案陆续推出并试点应用[66]。

3.5　网络和数据安全产业驶入高质量发展快车道

3.5.1　多重利好叠加驱动网络和数据安全产业综合实力提升

　　网络安全产业方面，在政策扶持、需求扩张、应用升级等多重利好作用下，我国网络安全企业实力、人才队伍等产业基础将不断夯实，网络安全产业整体实力和竞争力得到加强，推动整体向高质量方向发展。产业规模方面，"十四五"以来，重点行业领域相关规划文件对网络安全投入提出更高要求，例如，电信等重点行业网络安全投入占信息化投入比例达 10%，医疗卫生机构新建信息化项目的网络安全预算不低于项目总预算的 5%等，推动网络安全产业保持高速增长[67]。企业实力方面，我国已建成国家级网络安全产业园，入驻企业超 300 家，通过深入实施创新驱动发展战略，网络安全龙头企业竞争力将持续提升，网络安全产业生态的龙头企业和"专、精、特、新"独角兽企业数量也将逐步壮大。人才队伍方面，多层次网络安全人才培养体系将更加健全，一批创新型、技能型、实战型人才将更多涌现。

数据安全产业方面，数字经济新模式和新业态蓬勃发展，在理念迭代、制度建设、产品服务体系化建设等多重因素推进下，为我国数据安全市场和产业带来新动力和新机会。随着数据安全产业园、数据安全先进示范区等产业创新载体加速创建落地，人、财、物、数等各类资源加速聚合，以数据安全产业园区建设带动高端化、特色化的产业集群发展。数据安全公共服务平台等推动产业信息集中共享，进一步为产业界各方沟通交流提供对接平台。同时，数据安全重点实验室、数据安全技术创新中心等建设有望进入"提速期"，为技术和产品攻关提供支撑。产业主体培育工作不断推进，产业龙头骨干企业强化自身在产业中的引领作用，中小微企业通过"专、精、特、新"等支持提升创新力，培育形成优质企业。未来 3～5 年，随着数据开发利用和数据安全需求加速释放，我国数据安全产业有望继续保持30%左右的高速增长率，1500亿的产业规模目标或可提前实现。产业界各方参与主体将把握当前的黄金发展机遇，聚焦能力创新，瞄准特色需求，强化协同合作，推动数据安全产业高质量发展。

3.5.2　新形势新威胁牵引安全技术发展新范式

随着整体 ICT 环境升级换代、创新变革，攻击技术和安全威胁态势不断升级，安全技术和防御思路不断发展，以适应新形势下的安全新需求。智能分析、主动防御、自适应响应，以及服务和场景赋能的一体化安全创新实践正在加速落地，助力建设动态演进、按需安全的新型基础设施安全保障能力。一是随着主动安全、智能化安全等理论与技术的逐步发展成熟，相关技术和产品在各垂直行业应用场景中持续加速落地[67]。二是为了提升安全防护效率和降低安全运维成本，安全能力加速从传统防火墙、Web应用防火墙等固化单一形态产品向集成了多种安全能力的一体化解决方案转变。三是紧耦合、前置性的应用部署方式成为趋势，全向融通的场景化安全，对安全功能性能、场景表现能力等进行充分的前置模拟验证等，将成为未来发展的重要方向。

3.5.3 网络安全相关政策监管将向重点领域持续发力

党的二十大报告提出将网络安全从战略高度对推进国家安全体系与能力建设做出全面部署，强调以新安全格局保障新发展格局，为推进网络安全能力建设提供了根本遵循。在党中央决策部署指引下，未来我国工信领域网络安全顶层设计和总体布局有望不断强化，在新型融合性网络安全保障体系、关键信息基础设施安全保护和网络安全产业发展方面将迎来新的政策加持。其中，围绕"新型融合性网络安全保障体系"，车联网、工业互联网、5G 等领域将会有更多针对性政策规范出台；围绕"关键信息基础设施网络安全"，在网络产品安全漏洞管理方面将迎来更多切实举措，同时将进一步探索安全防护能力成熟度评价机制在关键信息基础设施安全防护方面的作用；围绕"网络安全产业高质量发展"，国家网络安全产业园区建设、关键技术和产品攻关示范应用、安全骨干企业培育等方面有望加大政策引导。

3.5.4　数据安全人才培养和国际合作将有序推进

一方面，数据安全人才培养力度不断加大，数据安全人才培养体系持续优化，工作机制方式优化创新，人才对于数据安全保护工作的关键基础性支撑作用进一步增强。2023年3月，人力资源社会保障部办公厅、中央网信办秘书局、工业和信息化部办公厅颁布《数据安全工程技术人员国家职业标准》，明确各级数据安全工程技术人员的职业概况、基本要求、工作要求等。未来相关领域数据安全人才能力系列标准将陆续发布、有序衔接。随着产业发展对于人才需求的放大，产学研用各方共同参与的联合培养模式进一步探索，数据安全人才培养向着实用型、复合型方向发展。人才选拔和培育体系将健全完善，为人才培养实践提供指导与规范。同时，数据安全会、展、赛、训等活动规模不断扩大、频次不断提高，为人才培养提供交流平台。

另一方面，产业国际化程度将不断扩展和加深。国内数据安全产业将深度融入全球数据安全规则制定，产学研用各方将不断加深数据安全国际合作，相关高水平国际交流活动继续开展，在技术、产品、服务、人才培育等方面提高话语权和影响力，海外数据安全产业项目探索拓展。产业界将继续依托ISO/IEC等国际标准会议，持续推进数据安全国际标准制定，推动我国领先研究成果转化为国际标准，提升国际影响力。同时，未来数据安全产业相关国际合作逐步探索，或将打开产业国际合作新格局，通过建设产业合作创新基地、合作平台等，促进供需对接、项目与创新合作等。

第4章 我国热点亮点

4.1 推动数据安全产业发展，工信部等16部门发布指导意见

工业和信息化部、国家互联网信息办公室、国家发展和改革委员会等16部门在2023年1月印发的《关于促进数据安全产业发展的指导意见》(以下简称"指导意见")提出，到2025年，数据安全产业基础能力和综合实力明显增强。标准供给结构和覆盖范围明显优化，产品和服务供给能力大幅提升，重点行业领域应用水平持续深化，初步建立了人才培养、产业生态和创新体系，人才培养体系不断完善，数据安全产业规模超1500亿，年复合增长率超30%[68]。"指导意见"明确促进数据安全产业发展的七项重点任务，包括提升产业创新能力、壮大数据安全服务、推进标准体系建设、推广技术产品应用四项重点任务，以及构建产业繁荣生态、强化人才供给保障和深化国际合作交流[69]。

4.2 智能网联汽车领域重点关注"保障数据信息安全"

为推动车联网产业安全保障体系的健全和完善，工业

和信息化部于 2022 年 2 月印发了《车联网网络安全和数据安全标准体系建设指南》的通知(以下简称"通知")。"通知"中出现"数据安全"一词的次数高达 43 次，建设目标中也明确指出"2023 年底前需要初步建成车联网网络安全和数据安全标准体系"。2023 年全国两会期间，"保障数据信息安全"成为智能网联汽车领域相关建议中的高频词组。业界代表多次建议，加快数据安全标准的制定和管理规范，以汽车生命周期和数据生命周期为主线，由国家主管部门牵头，对行业发展进行指导。同时建立提升行业透明度和公信力的智能网联汽车数据安全认证体系、数据安全等级评定和公示体系[70]。

4.3　国务院新闻办公室发布《携手构建网络空间命运共同体》白皮书

《携手构建网络空间命运共同体》白皮书(以下简称"白皮书")由国务院新闻办公室于 2022 年 11 月 7 日发布，并同步举行新闻发布会，介绍和解读白皮书的主要内容。白皮书正文包括四个部分：一是构建网络空间命运共同体——信息时代的必然选择；二是中国的互联网发展治理实践；三是构建网络空间命运共同体的中国贡献；四是构建更加紧密的网络空间命运共同体的中国主张。国家互联网信息办公室相关负责人表示，当前，世界百年未有之大变局加速演进，新一轮科技革命和产业变革深入推进。互联网领域发展不平衡、规则不健全、秩序不合理等问题日益凸显，网络霸权主义对世界和平与发展构成新的威胁。网络空间治理呼唤更加公平、合理、有效的解决方案，全球性威胁和挑战需要全球共同携手应对[71]。

4.4 信息通信软件供应链安全社区持续共建日臻成熟，软件供应链风险管理手段多维并举

2023 年 2 月 16 日，信息通信软件供应链安全社区第二届成员大会在北京召开，明确了软件供应链安全治理体系建设各阶段主线任务，该任务围绕软件供应链安全关注点，以软件供应链风险管理为根本目标，分阶段同步开展软件供应链安全制度体系建设、软件供应链评估评价体系建设、软件供应链安全能力体系建设。软件供应链安全制度体系建设方面，目前已完成了亟需标准《软件供应链安全能力成熟度参考模型》《软件物料清单构建及安全应用》征求意见，出台了《软件供应链安全标准体系框架》，并计划围绕软件供应链安全产品和服务、软件供应链安全测试工具、软件供应链安全服务机构和人员等方面开展标准研制工作；在软件供应链评估评价体系建设方面，制定了 2023～2025 年的总体建设计划，通过三年建设初步形成包含组织软件供应链安全能力评价、软件供应链透明度治理评价、软件供应链机构和人员认证的相对完善的评估评价体系；在软件供应链安全能力体系建设方面计划分阶段形成涵盖技术、平台、支撑三大方面的"软件供应链安全能力中心"。信息通信软件供应链安全社区以防范化解软件供应链安全风险为根本目标，采用多元主体参与、协同共治的机制，以政策法规为指引、以标准规范

为依据、以能力建设为保障、以评价体系为准绳，推动包容、健康的软件供应链安全生态建设发展。

4.5 发布生成式人工智能立法草案，积极引导人工智能产业健康发展

2023 年 4 月 10 日，国家互联网信息办公室公布了《生成式人工智能服务管理办法(征求意见稿)》。该征求意见稿积极回应了生成式人工智能面临的违规获取训练数据、训练数据内含虚假歧视信息、生成违法不良信息等新型风险挑战，全面规范了生成式人工智能设计研发、部署应用等关键环节行为。征求意见稿的及时出台，突显了我国以人为本、安全发展并重的治理理念，体现出网信部门对人工智能安全与内容安全治理的高度关注。

第5章 领域年度热词

热词1：《中华人民共和国反电信网络诈骗法》

2022年9月2日，十三届全国人大常委会第三十六次会议表决通过了《中华人民共和国反电信网络诈骗法》，自2022年12月1日起正式实施[37]。工业和信息化部作为核心部门全程参与立法工作，牵头起草电信治理、互联网治理两部分主要内容，并承担相应章节法律释义编写。此项立法是针对特定领域犯罪治理的专门性法律，明确了电信主管部门监管责任以及电信业务经营者和互联网服务提供者的法律责任，全面构筑了打击治理电信网络诈骗活动的法治保障体系。

热词2：数据二十条

2022年12月，中共中央、国务院正式印发《关于构建数据基础制度 更好发挥数据要素作用的意见》，围绕我国基础数据要素，以数据产权、流通交易、收益分配、安全治理、保障措施为重点，创新性提出数据二十条，旨在加快构建我国数据基础制度，做强做优做大数字经济，并从组织领导、政策支持、实验探索、稳步推进等方面为数据发展与治理提供保障。一是建立保障权益、合规使用的数据产权制度。探索数据产权结构性分置制度，审慎对待原始数据流转交易，推动公共数据、个人数据互联互通与有效保护。二是建立合规高效、场内外结合的数据要素流通和交易制度。以《全球数据安全倡议》为基础，建立数据来源可确认、使用范围可界定、流通过程可追溯、安全风险可防范的低成本、高效率、可信赖数据流通体系。三是建立体现效率、促进公平的数据要素收益分配制度。四是建立安全可控、弹性包容的数据要素治理制度[72]。在守住安全底线、明确监管红线的同时，打造鼓励创新、公平开放的数据要素市场环境。

热词 3：地缘安全

2023 年 1 月 17 日，中国人民大学国家安全研究院与中海安集团联合发布《中国海外安全风险蓝皮书(2022)》(以下简称"蓝皮书")，称 2022 年中国海外安全遭遇五大风险，包括大国关系更加紧张、全球经济复苏缓慢、地缘政治危机加剧、多国政治稳定性不足以及恐怖主义活动频发。"蓝皮书"预测，2023 年，中国将面临美国对华经贸遏制手段持续升级、西方世界对华数字打压态势明显、欧洲对华战略认知分歧加剧、欧亚区域地缘冲突风险居高不下等十大海外安全风险。这其中也包括海外数字利益，涉及跨境流动的数据安全、数字企业的海外运营环境以及国际社会对于中国数字技术发展看法等。

热词 4：工业互联网安全

2022 年 9 月 26 日，工业和信息化部办公厅发布《关于组织开展 2022 年工业互联网试点示范项目申报工作的通知》，围绕工厂类、载体类、园区类、网络类、平台类、安全类 6 类 22 个具体方向遴选试点示范项目。2023 年 3 月 15 日，工业和信息化部公布遴选结果名单，安全类试点示范面向分类分级管理、工业控制系统网络安全创新应用、垂直行业安全解决方案、安全服务创新载体和新技术融合创新应用等 7 个细分方向，遴选出 29 个试点示范项目，涌现出一批钢铁、轻工、冶金等行业分类分级优秀实践，人工智能、威胁智能分析防御、边缘计算等新技术不断应用于安全防护方案，促进 5G 全连接工厂、智能制造等应用安全可靠。

热词 5：软件依赖关系管理

如今，分布式架构和云端部署已经成为软件开发的主流方式，系统模块化和组件化趋势也十分明显。在软件开发中，组件层级众多且相互依赖，往往很难厘清其中关系，这使得开源组件治理工作充满严峻挑战。为解决软件依赖关系管理问题，2022 年 12 月 16 日，全球性安全组织 OWASP 发布了 Dependency-Track v4.7.0 版本。该版本具有按层次结构组织项目、在软件界面 UI 中可视化、完整显示依赖关系图等功能。该版本的更新可有效管理软件依赖关系。同时，软件物料清单(SBOM)作为软件依赖关系管理的一个重要手段，在政府和科技企业的推动下得到广泛应用。2022 年 6 月 7 日，中国信息通信研究院发布《软件物料清单实践指南》，并于 2022 年 10 月 24 日启动基于软件物料清单的软件供应链风险管理试点工作，推动企业展开 SBOM 相关工作落地实践，帮助企业有效进行软件依赖关系管理。与此同时，各大企业纷纷制定了软件依赖关系管理相关的指南。2022 年 12 月，Endor 实验室发布《依赖管理现状》，着眼于现代基于开源开发的复杂性并提供一些软件依赖关系管理的指导性建议。在政府和企业的不断推动下，软件依赖关系管理技术创新和落地不断加速，为开源组件治理工作带来了极大的帮助。

热词 6：数据要素

2022 年 12 月，中共中央、国务院印发了《关于构建数据基础制度 更好发挥数据要素作用的意见》(以下简称"数据二十条")。作为从生产要素高度部署数据要素价值释放的国家级专项政策文件，"数据二十条"以制度安排进行系统布局，为激活数据要素潜能破除机制障碍，为全面加速数据价值释放和纵深推进数字化发展提供政策保障。在安全治理方面，"数据二十条"对发展与安全进行统筹，明确提出将安全贯穿数据供给、流通、使用全过程，为数据安全治理工作提供了行动指南。

热词 7：5G 应用安全创新推广中心

2022 年 9 月 2 日，工业和信息化部办公厅发布《关于开展 2022 年度 5G 应用安全创新推广中心申报工作的通知》，旨在贯彻落实《5G 应用"扬帆"行动计划(2021-2023 年)》有关部署，支持打造 5G 应用安全创新推广中心，充分发挥其在 5G 应用安全技术、产品、服务、解决方案和人才培养等方面的创新引领和应用推广作用，提升5G 应用安全保障能力。2023 年 3 月 21 日，工业和信息化部办公厅发布《关于公布第二批 5G 应用安全创新推广中心名单的通知》，13 省(区、市)的 15 个申报主体经企业申报、地方推荐、专家评审、现场考察和网上公示等环节，正式入选。

第6章 领域指标

6.1 国内指标

类别	序号	指标	我国	国际领先水平
技术类	1	全球网络安全指数 (技术能力)	17.94	国际领先 20， 差距 10.3%
发展类	2	全球网络安全指数	92.53	全球排名第 33
产业类	3	网络安全产业规模 (亿元)	1905.1	相对较低，全球 1554.0 亿美元

简要说明：

(1) 全球网络安全指数(技术能力)是 ITU 于 2014 年提出的全球网络安全能力综合评价模型中的技术能力分指标，从国家应急响应能力、网络安全技术标准、对抗网络安全事件的技术机制和能力等方面，衡量国家网络安全技术能力。根据 ITU 发布的 GCI 指数研究报告，2020 年，我国网络安全指数技术能力指标值为 17.94，与全球最高值 20(美国)之间差距为 10.3%。

(2) 全球网络安全指数(GCI)是 ITU 于 2014 年提出的一项全球性的网络安全能力综合评价模型，其指标体系的构建基于 2007 年的 ITU 全球网络安全议程(Global Cybersecurity Agenda，GCA)研究相关成果。GCI 旨在通过对国家网络安全能力各项指标的综合性评估，提高网络安全意识，促进各国政府强化网络安全威胁的防范应对措施，加强网络安全方面的双边和多边国际合作，从而提高全球网络安全整体水平。目前已发布 2014、2017、2018、2020 四版全球网络安全指数指标。在发布的 2020 年 GCI 指数中，我国网络安全评分为 92.53，在全球排名第 33 名。

(3) 强大的网络安全产业规模是保障网络空间安全、可靠、有序发展的基石[73]。国外 Gartner、IDC，国内中国信息通信研究院、中国网络安全产业联盟等研究机构持续开展网络安全产业研究，对不同国家和地区网络安全产品和服务市场进行统计和测算。根据中国信息通信研究院发布的《中国网络安全产业白皮书》，2021 年我国网络安全产业规模达到 1905.1 亿元，较 2020 年增长 16.6%。

6.2　国家间指标

长久以来，世界各国已经充分认识网络安全的重要性，特别是面向全球日趋复杂严峻的网络安全形势，各国纷纷加紧网络空间领域战略谋划，在推动信息技术发展和先导应用的同时赋予网络空间国家战略意义，并随着信息技术与经济、社会、军事等领域全面融合的步调，加紧完善网络空间安全战略，旨在不断夯实和提升国家在网络空间和网络安全领域的竞争力、影响力。通过对 9 个典型国家和地区近年来发布的 15 项网络安全战略的梳理对比，各国相关战略部署和实施举措折射出组织机构、关键基础设施、应急响应、国际合作等 19 项网络安全能力建设重点指标。

国家或地区	美国	美国	美国	欧盟	英国	英国	德国	德国	法国	法国	俄罗斯	俄罗斯	俄罗斯	俄罗斯	日本	日本	印度	澳大利亚	澳大利亚
年份	2008	2011	2018	2013	2009	2016	2011	2016	2011	2015	2008	2014	2016	2019	2010	2018	2011	2009	2019
行动领域	国家网络安全综合纲领	网络空间国际战略	国家网络战略	网络空间安全战略	英国网络安全战略	2016-2021国家网络安全战略	网络空间安全战略	网络安全战略计划	信息系统防护和安全战略	国家数字安全战略	信息社会发展战略	联邦网络安全战略构想	联邦信息安全学说	联邦网络主权法	保护国民信息安全战略	网络安全战略综述	2011年国家网络安全	网络安全国家战略	网络安全战略2020
体制机制　组织机构	★	★	★	★	★	★	★	★			★	★	★		★	★		★	★
体制机制　公私合作	★	★	★	★	★	★	★	★			★	★	★	★	★	★	★	★	★
体制机制　军事行动				★	★			★			★		★		★				
体制机制　打击网络犯罪	★	★	★	★	★	★	★		★	★		★	★			★		★	
法律　隐私与数据保护	★	★	★	★	★	★				★	★	★	★	★	★	★			★

续表

国家或地区	美国	美国	美国	欧盟	英国	英国	德国	德国	法国	法国	俄罗斯	俄罗斯	俄罗斯	俄罗斯	日本	日本	印度	澳大利亚	澳大利亚
年份	2008	2011	2018	2013	2009	2016	2011	2016	2011	2015	2008	2014	2016	2019	2010	2018	2011	2009	2019
行动领域	国家网络安全综合纲领	网络空间国际战略	国家网络战略	网络空间安全战略	英国网络安全战略	2016-2021国家网络安全战略	网络空间安全战略	网络安全战略计划	信息系统防护和安全战略	国家数字安全战略	信息社会发展战略	联邦网络安全战略构想	联邦信息学说	联邦网络主权法	保护国民信息安全战略	网络安全战略综述	2011年国家网络安全	网络安全国家战略	网络安全战略2020
知识产权			★	★	★		★												
应急响应制度	★	★	★	★	★	★	★	★	★	★	★	★	★	★	★	★	★	★	
法律 审查评估制度	★	★	★	★				★				★	★		★				★
身份可信任		★		★															

续表

国家或地区	美国	美国	美国	欧盟	英国	英国	德国	德国	法国	法国	俄罗斯	俄罗斯	俄罗斯	俄罗斯	日本	日本	印度	澳大利亚	澳大利亚
年份	2008	2011	2018	2013	2009	2016	2011	2016	2011	2015	2008	2014	2016	2019	2010	2018	2011	2009	2019
行动领域	国家网络安全综合纲领	网络空间国际战略	国家网络战略	网络空间安全战略	英国网络安全战略	2016-2021国家网络安全战略	网络空间安全战略	网络安全战略计划	信息系统防护和安全战略	国家数字安全战略	信息社会发展战略	联邦网络安全战略构想	联邦信息安全学说	联邦网络主权法	保护国民信息安全战略	网络安全战略综述	2011年国家网络安全	网络安全国家战略	网络安全战略2020
技术能力　技术标准	★	★	★	★	★		★	★	★	★	★	★			★	★	★	★	
技术能力　网络态势感知	★	★							★						★	★		★	
技术能力　情报	★	★	★		★						★								
经济发展		★	★	★	★	★	★	★			★				★	★		★	
产业　贸易与产业链		★	★							★			★				★		
产业　资金支持	★				★	★	★	★		★			★						★

续表

国家或地区	美国	美国	美国	欧盟	英国	英国	德国	德国	法国	法国	俄罗斯	俄罗斯	俄罗斯	俄罗斯	日本	日本	印度	澳大利亚	澳大利亚
年份	2008	2011	2018	2013	2009	2016	2011	2016	2011	2015	2008	2014	2016	2019	2010	2018	2011	2009	2019
行动领域	国家网络安全综合纲领	网络空间国际战略	国家网络战略	网络空间安全战略	英国网络安全战略	2016-2021国家网络安全战略	网络空间安全战略	网络安全战略计划	信息系统防护和安全战略	国家数字安全战略	信息社会发展战略	联邦网络安全战略构想	联邦信息学说	联邦网络主权法	保护国民信息安全战略	网络安全战略综述	2011年印度国家网络安全	网络安全国家战略	网络安全战略2020
基础设施／关键基础设施保护	★	★	★	★	★	★	★	★	★	★	★	★	★	★	★	★	★	★	
国际合作／国际合作		★	★	★	★	★	★	★		★	★	★				★	★		
教育意识／安全意识教育		★	★	★				★	★	★		★	★			★	★	★	★
人才培训		★	★			★			★	★			★				★	★	★

本书作者：孟楠　戴方芳　焦贝贝　查选　谢玮　周杨

参 考 文 献

[1] 法制日报. 网络主权是网络安全的根本保障. 2015.

[2] 张永棠. 一种去中心化的自主根域名体系构想. 顺德职业技术学院学报, 2016, 14(4): 5-9.

[3] 刘阳子. 对国家网络主权的理解. 中国信息安全, 2012, (11): 62-67.

[4] 朱诗兵, 张学波, 王宇, 等. 世界范围内网络主权的主要观点综述. 中国工程科学, 2016, 18(6): 89-93.

[5] 肖新光, 徐菲, 赵超, 等. 从美方推动零信任战略过程看网络安全创新的规律特点. 中国信息安全, 2023, (3): 87-92.

[6] 杨瑶. 澳大利亚国防网络安全战略的更新与调整: 从防守到进攻. 中国信息安全, 2022, (12): 87-90.

[7] 三十所信息中心. 2022 年网络空间安全动态综述. 信息安全与通信保密杂志, 2023. https://mp.weixin.qq.com/s/ltzEI6jMae1KVJqDRiWvHQ.

[8] Luke B. Americans lost $10.3 billion to Internet scams in 2022, FBI says. 2023 https://abcnews.go.com/Business/americans-lost-103-billion-internet-scams-2022-fbi/story? id=97832789.

[9] 腾讯网. 日本去年刑事犯罪案发量 20 年来首次增加. 2023. https://new.qq.com/rain/a/20230202A06COE00.

[10] 青春遵义. 深度好文丨电信网络诈骗案例分析与思考. 2022. https://www.sohu.com/a/578160154_121106902.

[11] 美通社. 4000 万元补偿: 诈骗受害者维权, 引爆华侨银行公关危机. 2022. https://www.prnasia.com/blog/archives/24415.

[12] 国际文传电讯社. 全球反诈骗联盟的研究显示, 全球因诈骗扣件高达 553 亿美元. 2022. https://m.163.com/dy/article/HJI5O2BI0530LC1U.html.

[13] 搜狐新闻. 美国联邦贸易委员会: 加密骗局导致 10 亿美元损失, 比特币占大头. 2022. https://www.sohu.com/a/554849939_100246910.

[14] 极目新闻. 去年美国人因电信诈骗损失 103 亿美元, 印度团伙专骗美国老人. 2023. http://news.cnhubei.com/content/2023-03/14/content_15572674.html.

[15] 中国经济网. 信息安全产业数据分析: 2025 年全球工业互联网信息安全市场规模将达 233. 21 亿美元. 2022. https://baijiahao.baidu.com/s?id=1740546237539881229&wfr=spider&for=pc.

[16] 刘晓曼, 刘惠琴, 程妍. 2022 年全球工业领域网络安全发展浅析. 保密科学技术, 2023, (2): 48-53.

[17] 刘晓曼, 吴诗雨. 全球工业领域网络安全态势简析. 信息通信技术, 2022, 16(6): 47-51.

[18] 刘宝旭, 张方娇, 刘嘉熹, 等. 人工智能在网络攻防领域的应用及问题分析. 中国信息安全, 2021, (6): 30-36.

[19] 魏亮, 查选, 戴方芳. 面向云网融合的网络安全互操作. 中兴通讯技术, 2023, 29(1): 6-12.

[20] Equinix. 2022 年全球科技趋势调查报告. 2022.

[21] IBM. 2022 年数据泄露成本报告. 2022.

[22] 高一乘, 杨东. 应对元宇宙挑战: 数据安全综合治理三维结构范式. 行政管理改革, 2022, 3(3): 41-50.

[23] 赵精武. "元宇宙" 安全风险的法律规制路径: 从假想式规制到过程风险预防. 上海大学学报(社会科学版), 2022, 39(5): 103-115.

[24] Internet Crime Complaint Center. Deepfakes and stolen PII utilized to apply for remote work positions. 2022. https://www.ic3.gov/Media/Y2022/ PSA220628.

[25] 赵伟, 李伟辰, 刘光明. 2022 年俄乌冲突中的网络空间对抗情况综述. 中国信息安全, 2022, (12): 66-69.

[26] European Data Protection Board. Guidelines, recommendations, best practices. 2023. https://edpb.europa.eu/our-work-tools/general-guidance/guidelines-recommendations-best-practices_en.

[27] European Data Protection Board. Opinion 25/2022 regarding the European Privacy Seal (EuroPriSe) certification criteria for the certification of processing operations by processors. 2022. https://edpb.europa.eu/our-work-tools/our-documents/opinion-board-art-64/opinion-252022-regarding-european-privacy- seal_en.

[28] Commission Nationale de l'Informatique et des Libertés. API : la CNIL soumet à consultation publique un projet de recommandation technique. 2022. https ://www. cnil. fr/fr/api-la-cnil-soumet-consultation-publique-un-projet-de-recommandation- technique.

[29] Personal Information Protection Commission, Government of Japan. Data mapping. 2022. https://www.ppc.gojp/personalinfo/independent_effort/.

[30] 中国信息通信研究院. 数据安全技术与产业发展研究报告. 2021.

[31] Gartner. Hype Cycle for Data Security 2017-2021. 2021.

[32] Gartner. Hype Cycle for Data Security 2022. 2022.

[33] 隐私计算联盟, 中国信息通信研究院云计算与大数据研究所. 隐私计算白皮书. 2022.

[34] 杭州国际数字交易联盟. 全球隐私计算图谱报告. 2022.

[35] 中国网络安全产业创新发展联盟, 中国信息通信研究院. 中国网络安全

产业研究报告(2022 年). 2022.

[36] Gartner. Gartner identifies three factors influencing growth in security spending. 2022. https://www.gartner.com/en/newsroom/press-releases/2022-10-13-gartner-identifies-three-factors-influencing-growth-i.

[37] 经济参考报. 2022 年中国网络安全 10 件大事. 2023.

[38] 人民公安报. 中柬警方通力合作 抓获九名诈骗集团幕后组织者. 2023.

[39] 工业和信息化部. 深入实施《反电信网络诈骗法》信息通信行业反诈工作再上新台阶. 2023.

[40] 韩鑫. 用好反诈利器 构筑严密防线. 人民日报, 2022.

[41] 黄勇, 刘琳琳, 陈逸辉, 等. 数字政府建设中的数据应用安全机制研究——基于数据安全能力成熟度模型应用视角. 中国科技纵横, 2023, (2): 35-38.

[42] 国家市场监督管理总局. 信息安全技术 关键信息基础设施安全保护要求: GB/T 39204-2022. 2022.

[43] 陈晓斐. 平台融合更智能 服务乡村更高效. 2022.

[44] CCSA. 网络安全产品互操作标准体系研究. 2022

[45] 新华日报. 协同创新, 共筑"数字安全屏障". 2023.

[46] 余晓晖. 构筑顶层设计开创工业和信息化领域数据安全管理新格局. 互联网天地, 2022, (12): 3-5.

[47] 尹正, 周圣文, 张刚. 基于非结构化的数据管理探究. 信息通信技术与政策, 2022, (3): 92-96.

[48] 杨瑞仙, 李兴芳, 王栋等. 隐私计算的溯源、现状及展望. 情报理论与实践, 2023, 46(7): 158-167.

[49] 樊巧云. 基于隐私计算技术的金融行业跨域融合建模研究. 江苏通信, 2023, 39(1): 95-101, 116.

[50] 魏亮. 完善顶层设计, 擘画数据安全产业发展蓝图. 互联网天地, 2023, (2): 12-15.

[51] 郝志强. 创新驱动、需求牵引, 协同推进数据安全产业高速发展. 工业信息安全, 2023, (1): 97-99.

[52] 重庆日报. 以"四个坚持"做好新时代意识形态工作. 2022.

[53] 中国网络安全产业创新发展联盟, 中国信息通信研究院. 中国网络安全市场洞察报告(2022 年). 2022.

[54] 杨朋, 戴方芳. 在数字化背景下网络安全呈现四大发展趋势. 通信世界, 2022, (4): 29-30.

[55] 曾浩洋. 网络安全网格概念及其影响. 信息安全与通信保密, 2022, (4): 52-60.

[56] 网络安全卓越验证示范中心, 中国信息通信研究院. 安全策略管理发展洞察报告. 2022.

[57] 工业互联网产业联盟. 2021 年中国工业互联网安全态势报告. 2022.

[58] 工业互联网产业联盟. 2022 年中国工业互联网安全态势报告. 2023.

[59] 于广琛, 刘晓曼. 我国工业互联网安全架构演进与关键技术发展分析. 保密科学技术, 2022, (8): 50-57.

[60] 柳建龙. 透视欧盟人工智能法草案. 2023. https://epaper.gmw.cn/gmrb/html/2023-03/16/nw.D110000gmrb_20230316_1-14.htm.

[61] 人民邮电报. 中国移动加强算力网络安全防护体系建设. 2023.

[62] 秦博阳. 以制度安排统筹发展与安全, 促数据要素价值加速放. 2022. https: //mp.weixin.qq.com/s/wq9YbRyqmnrsqiHly7gXHw.

[63] 孙冰. 解码国家数据局组建逻辑. 中国经济周刊, 2023, (6): 28-32.

[64] 王晓庆, 孙战伟, 吴军红, 等. 基于数据要素流通视角的数据溯源研究进展. 数据分析与知识发现, 2022, 6(1): 43-54.

[65] 张雪明. 应用隐私计算技术实现数据安全. 网络安全和信息化, 2023, (1): 3-6.

[66] 北京金融科技产业联盟. 金融业隐私计算互联互通技术研究报告. 2023.

[67] 刁兴玲. 网络安全产业规模巨大数据安全需求加速释放. 通信世界, 2023, (6): 37-38.

[68] 高越. 16 部门联合印发指导意见促进数据安全产业发展. 中国妇女报, 2023.

[69] 中国商报. 到 2025 年数据安全产业将超 1500 亿元. 2023.

[70] 樊哲高. 自动驾驶 "狂飙", 谁来护航? . 智能网联汽车, 2023, (2): 1.

[71] 中华人民共和国国务院新闻办公室. 携手构建网络空间命运共同体. 2022.

[72] 杜泽. 发挥数据要素作用推进全国统一大市场. 中国信息界, 2022, (3): 45-48.

[73] 魏亮, 赵爽, 方溢超. 网络安全产业发展的成就、挑战与变革. 中国信息安全, 2018, (10): 53-56.